COUR DES PAIRS.

—

PROCÈS D'AVRIL.

—

Un procès, qui doit surpasser tout ce que les annales judiciaires ont offert de plus *fastueusement* remarquable, est sur le point de commencer.

C'est le 5 mai prochain que s'ouvriront les débats de cette *monstrueuse* procédure, dans laquelle doivent figurer 150 prévenus, plus de 500 témoins, un grand nombre de défenseurs pris dans l'élite du parti républicain, et les plus hautes notabilités du parquet de Paris.

L'intérêt général, qui plane sur ce grand drame politique, auquel tant de célèbres acteurs vont prendre part, nous a fait concevoir l'idée de reproduire, le plus *historiquement* possible, et d'une manière toujours *impartiale* et *vraie*, les séances que la Cour des Pairs consacrera à cette cause *gigantesque*.

C'est dans ce but que, voulant créer une œuvre complète et spéciale, nous avons résolu de publier, *par livraisons*, le procès déféré à la juridiction de la Chambre des Pairs.

Nous promettons aux souscripteurs qui voudront bien nous accorder leur confiance, que nous apporterons la plus minutieuse exactitude et la plus stricte fidélité dans le compte que nous rendrons de cette *mémorable* cause politique.

Nous publierons six livraisons par mois. — La première, qui paraîtra le 5 mai, contiendra :

1° Un exposé sommaire des troubles de Lyon et de Paris.

2° L'ordonnance royale qui a investi la Chambre des Pairs du droit de judicature.

3° Un résumé du rapport de M. Girod de l'Ain.

4° L'arrêt de mise en accusation.

5° L'ordonnance Persil.

6° La délibération de l'Ordre des avocats de Paris.

7° Le réquisitoire du procureur-général près la Cour royale de Paris.

8° L'arrêt de cette Cour.

9° Une note statistique sur la nouvelle salle du Luxembourg.

Six livraisons formeront un volume in-8° de 288 pages, beau texte et papier superfin. La publication entière fera quatre volumes in-8°.

Chaque livraison aura 3 feuilles ou 48 pages d'impression, et sera accompagnée d'un portrait lithographié, soit d'un accusé, soit d'un défenseur, dont le dessin est confié à l'un des premiers artistes de la capitale. Nous nous sommes assurés les moyens nécessaires pour que la ressemblance des personnages dont nous reproduirons les traits soit de l'exactitude la plus remarquable.

CONDITIONS DE LA SOUSCRIPTION.

Le souscripteur ne sera tenu de payer qu'après réception de la première livraison.

Il devra faire parvenir (franco) le montant de sa souscription. Le prix en sera, *pour Paris,* de trois francs pour six livraisons et six portraits, et, pour les *departemens*, de trois francs soixante-quinze centimes.

On souscrit, dès à présent, chez M. *Perrin,* éditeur, rue Dauphine, n° 24 (à l'entresol), et chez tous les libraires et directeurs des postes. (Affranchir.)

Nota. La première livraison contiendra les *portraits* du prévenu LAGRANGE (de Lyon), et de son défenseur, Me MICHEL (de Bourges.)

IMPRIMERIE DE P. BAUDOUIN,

rue Mignon, 2.

Paris, 15 avril 1835.

MONSIEUR ,

Nous avons l'honneur de vous adresser un exemplaire de notre prospectus relatif à la publication, par livraisons, du Procès qui va commencer devant la chambre des Pairs

Nous vous autorisons à faire, pour notre compte, dans votre localité, toutes les souscriptions qui se présenteront ou que vous aurez eu l'obligeance de solliciter.

Les remises seront faites en exemplaires, nous vous donnerons sept pour six et quinze pour douze.

Veuillez nous faire connaître, avant le cinq mai, le nombre des souscriptions que vous aurez reçues.

Nous avons, Monsieur, l'honneur de vous saluer,

PERRIN, éditeur,

rue Dauphine, 24.

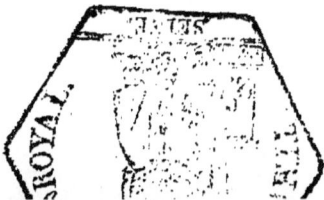

FASTES

DE LA

COUR DES PAIRS.

PROCÈS D'AVRIL.

FASTES

DE LA

COUR DES PAIRS.

PROCÈS D'AVRIL.

PREMIÈRE PARTIE

CONTENANT PLUSIEURS PORTRAITS LITHOGRAPHIÉS.

PRIX : 2 FRANCS.

PARIS.

EUG. PERRIN, ÉDITEUR, 24, RUE DAUPHINE,

et dans tous les dépôts de publications pittoresques.

1835.

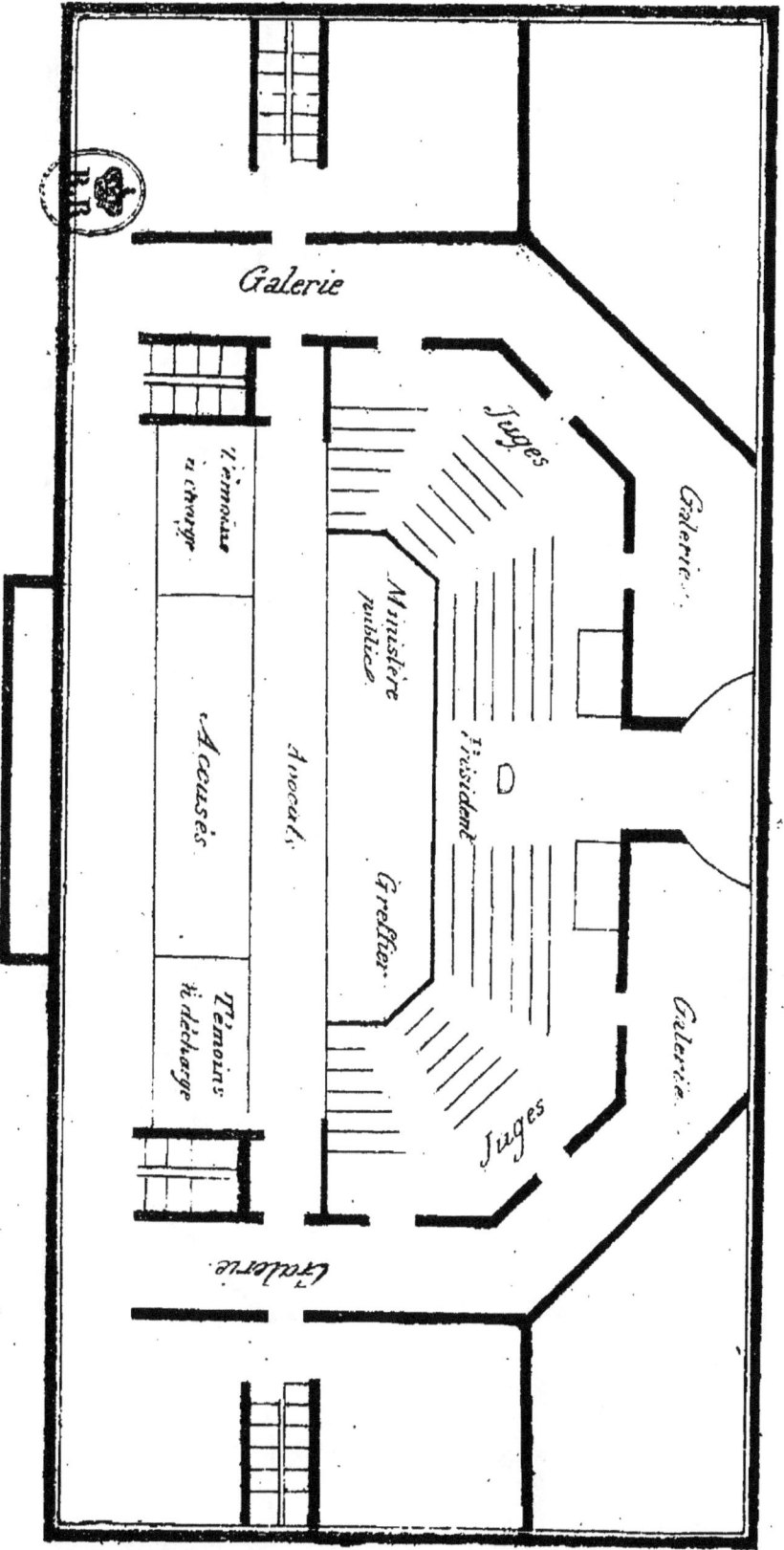

Galerie

Galerie

Galerie

Galerie

Juges

Juges

Ministère public

Président

Greffier

Témoins à charge

Accusés

Avocats

Témoins à décharge

Premier étage

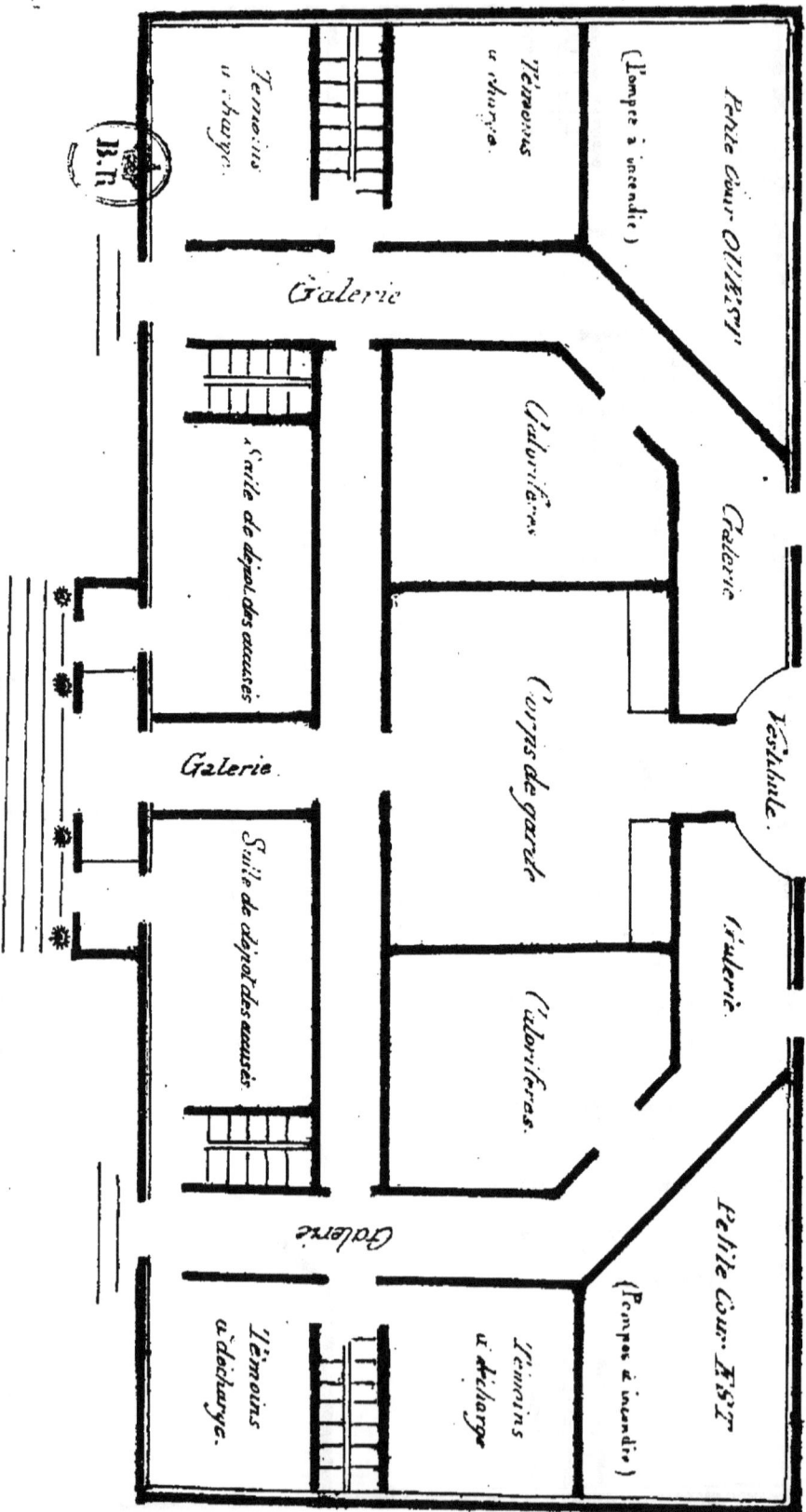

Rez — de — chaussée.

COUR DES PAIRS.

—

PROCÈS D'AVRIL.

—

Troubles de Paris et de Lyon.

—

Dans le courant de l'année 1833 et au commencement de 1834, le système de propagande révolutionnaire organisé dans toute la France, avait pris un caractère d'union et de force qui causait de vives inquiétudes au gouvernement.

Pendant ces deux dernières années, la société des droits de l'homme avait fait de nombreuses recrues, tant à Paris que dans les départemens. — Une lutte paraissait imminente. — Chaque parti se tenait sur ses gardes et attendait le moment de prendre part aux événemens qui se préparaient.

C'est à cette époque de malaise social qu'une loi sur les crieurs publics, qui conférait à la police seule le droit de vendre sur la voie publique des écrits quotidiens ou périodiques, fut présentée aux chambres qui la votèrent, dans les premiers jours du mois de février, à une très grande majorité.

Les sociétés s'indignèrent de cette entrave apportée à la publication de leurs doctrines, et considérèrent ce premier acte d'hostilité à leur égard, comme le manifeste de la guerre à outrance que le pouvoir était disposé à leur livrer.

Peu de tems après, une loi sur les associations fut présentée aux chambres. — Cette nouvelle atteinte portée aux droits des citoyens augmenta l'exaspération des sectionnaires de Paris et de Lyon. — Toutes les associations de la capitale et des départemens protestèrent énergiquement contre la loi qui devait les atteindre, et, de toutes parts, on se mit en mesure de résister, par tous les moyens, à l'application de cette loi, dont nous donnons le texte :

LOI SUR LES ASSOCIATIONS.

2. Quiconque fait partie d'une association non autorisée sera puni de deux mois à un an d'emprisonnement, et de cinquante francs à mille francs d'amende.

En cas de récidive, les peines pourront être portées au double.

Le condamné pourra, dans ce dernier cas, être placé sous la surveillance de la haute police pendant un temps qui n'excédera pas le double du maximum de la peine.

L'article 463 du Code pénal pourra être appliqué dans tous les cas.

3. Seront considérés comme complices, et punis comme tels, ceux qui auront prêté et loué sciemment leur maison ou appartement pour une ou plusieurs réunions d'une association non autorisée.

4. Les attentats contre la sûreté de l'état, commis par les associations ci-dessus mentionnnées, pourront être déférés à la juridiction de la chambre des pairs, conformément à l'article 28 de la Charte constitutionnelle.

Les délits politiques commis par lesdites associations seront déférés au jury, conformément à l'article 69 de la Charte constitutionnelle.

Les infractions à la présente loi et à l'article 291 du Code pénal seront déférées aux tribunaux correctionnels.

5. Les dispositions du Code pénal auxquelles il n'est pas dérogé par la présente loi continueront de recevoir leur exécution.

La présente loi, discutée, délibérée et adoptée par la chambre des pairs et par celle des députés, et sanctionnée par nous cejourd'hui, sera exécutée comme loi de l'état.

Signé LOUIS PHILIPPE. *Contresigné* PERSIL.

Lorsque la plus grande agitation régnait à Paris, par suite de l'adoption *de la loi d'amour* du *nouveau garde des sceaux* (M. Persil), le procès des mutuellistes de Lyon mettait cette ville sur un volcan.

C'est le 5 avril que cette affaire fut appelée devant le tribunal de police correctionnelle. Une foule immense occupait tous les alentours de l'hôtel Chevrières où siégeait le tribunal. L'autorité, de son côté, n'avait pas négligé les mesures d'ordre et de répression. — Les postes avaient été doublés et toute la police était sur pied. Pendant les débats, le président, qui s'aperçut que l'agitation du dehors avait du retentissement dans la salle d'audience, voulut continuer la cause à huis clos; mais l'avocat du roi s'y opposa, et l'affaire fut ajournée au mercredi suivant.

Cette fatale journée arriva.

Le 9 avril, dès le matin, les troupes étaient sous les armes. — Une force imposante avait été placée près du Palais de Justice.

Vers dix heures, la foule, qui encombrait la place Saint-Jean et la place de la Préfecture, commença à prendre une attitude menaçante. — Des ouvriers lurent des proclamations. — L'une d'elles, dont nous donnons une fidèle, était très significative.

PROCLAMATION DES CHEFS DE L'INSURRECTION.

Citoyens,

L'audace de nos gouvernans est loin de se ralentir; ils espèrent par là cacher leur faiblesse, mais ils se trompent; le peuple est trop clairvoyant aujourd'hui. Ne sait-il pas d'ailleurs que toute la France les abandonne, et qu'il n'est pas un homme de conscience, dans quelque position qu'il soit, manufacturier ou prolétaire, citoyen ou soldat, qui ose se proclamer leur défenseur!...

Citoyens, voici ce que le gouvernement de Louis-Philippe vient encore de faire... — Par des ordonnances du 5 de ce mois, il a nommé plusieurs courtisans, ennemis du peuple, à des fonctions très lucratives. Ce sont des sangsues de plus qui vont se gorger de l'or que nous avons tant de peine à amasser pour payer d'énormes impôts. Parmi eux se trouve Barthe, le renégat qui est aussi nommé pair de France!... Ainsi on récompense les hommes sans honneur, sans conscience, et on laisse souffrir de misère tous ceux qui sont utiles au pays: les ouvriers, par exemple, et les vieux soldats. Pourquoi nous en étonner? Ceux-ci sont purs et braves; ils ne chérissent l'existence que parce qu'elle leur donne la faculté d'aimer et de servir leur patrie : c'est pourquoi aussi on les emprisonne, on les assomme dans les rues, on les envoie à Alger!... Ce n'est pas là ce que ferait un gouvernement national, un gouvernement républicain.

Mais l'acte le plus significatif de la royauté, c'est la nomination de Persil au ministère de la justice!... Persil, citoyens, c'est un pourvoyeur d'échafauds!... C'est Persil qui a voulu faire rouler les têtes des hommes les plus patriotes de la France, et si les jurés les lui ont refusées, ce n'est pas faute d'insistance de sa part!... C'est Persil qui a eu l'infamie de dire le premier qu'il fallait détruire les associations et abolir le jury!... En le prenant pour ministre, la royauté a donc adopté toutes les pensées, toutes les haines de cet homme! Elle va donc leur laisser un libre cours!... Pauvre France, descendras-tu au degré d'esclavage et de honte auquel on te conduit?...

La loi contre les associations est discutée dans ce moment à la chambre des pairs. Nous savons tous qu'elle y sera immédiatement adoptée. Nous la verrons donc très incessamment placardée dans nos rues!... Vous le voyez, citoyens, ce n'est pas seulement notre honneur national et notre liberté qu'ils veulent détruire; c'est notre vie à tous, notre existence qu'ils veulent attaquer. En abolissant les sociétés, ils veulent empêcher les ouvriers de se soutenir dans leurs besoins, dans leurs maladies, de s'entr'aider surtout pour obtenir l'amélioration de leur malheureux sort!... Le peuple est juste, le peuple est bon; ceux qui lui attribuent des pensées de dévastation et de sang sont d'infâmes calomniateurs; mais ceux qui lui refusent ses droits et du pain sont infiniment coupables.

Ouvriers, soldats, vous tous enfans de l'héroïque France, souffrirez-vous les maux dont on vous menace?

consentirez-vous à courber vos têtes sous le joug hon-
teux qu'on prépare à votre patrie ? Non ; c'est du sang
français qui coule dans vos veines ; ce sont des cœurs
français qui battent dans vos poitrines, vous ne pouvez
donc être assimilés à de vils esclaves. Vous vous enten-
drez tous pour sauver la France et lui rendre son titre
de première des nations !

8 avril 1834.

La lecture de cette pièce insurrectionnelle était bien
de nature à enflammer les esprits ; aussi fut-elle suivie
d'une manifestation générale dont les suites funestes
vont bientôt nous être connues.

A onze heures, on entendit trois décharges successi-
ves dans la direction de la place Saint-Jean. — La
foule considérable qui couvrait cette place, les rues adjacentes, les quais et les ponts voisins, se mit à fuir dans
tous les sens on criant : Aux armes ! aux armes ! on
égorge nos frères.

L'origine de cette première lutte est attribuée à plusieurs altercations qui eurent lieu entre le peuple et les
dragons qui, concurremment avec les gendarmes, gar-
daient le Palais de Justice. Quoi qu'il en soit, c'est à ce
moment que le sang commença à couler.

La première victime de cette guerre civile fut un
agent de police, le sieur Lefaivre, qui fut tué par le
feu même des gendarmes. — Ce malheureux se trouvait près des insurgés à l'instant où la première décharge eut lieu. — Il n'eut pas le temps de rejoindre
les siens, et ceux-ci, qu'un excès de zèle emportait, ne
purent modérer la passion qui les poussait à rougir le

pavé du sang de leurs concitoyens. Ils oublièrent que par trop de précipitation, ils pouvaient donner la mort à l'un des leurs, et *Lefaivre tomba percé de balles.*

Dans le même moment, une autre lutte, non moins vive, était engagée entre des ouvriers et une compagnie du 7e régiment d'infanterie légère.

A peine ces événemens furent-ils connus sur la rive gauche de la Saône, que quelques ouvriers se mirent en devoir de préparer des moyens de défense sur le quai Villeroi. — Une barricade fut élevée sur ce point, à l'extrémité du quai.

Le cadre étroit dans lequel nous voulons circonscrire les scènes de carnage dont la seconde ville du royaume fut ensanglantée, durant plusieurs jours, ne nous permet pas de retracer entièrement les déplorables collisions qui eurent lieu dans les rues de Lyon. — Il faudrait consacrer plusieurs mois de notre temps, et nous serions obligés de créer des volumes, si nous devions mettre sous les yeux de nos lecteurs un tableau exact des troubles de Lyon, dans les premiers jours d'avril 1834. Nous laissons cette tâche aux historiens. La nôtre est d'arriver, le plus vite possible, au drame qui se joue en ce moment à la haute chambre ; et, pour en venir là, nous passerons en courant sur les graves événemens qui ont eu lieu les 9, 10, 11, 12, 13 et 14 avril 1834.

Dès le premier jour, il fut facile de prévoir le résultat du combat inégal qui s'était engagé.

D'un côté, une poignée d'hommes courageux, sans armes, sans munitions, sans plan et sans chefs ; de l'autre, une armée pourvue de tout et commandée par des chefs habiles.

D'une part, incertitude, hésitation, imprévoyance.

De l'autre, confiance, prévision.

Aussi, malgré le courage dont ils donnèrent une nouvelle preuve, et malgré quelques succès obtenus, les insurgés lyonnais durent céder à la force, et ils succombèrent, non sans avoir fait payer chèrement leur défaite.

Dans la journée du 9, des actions eurent lieu, en même temps, sur la place Saint-Nizier, sur celle de l'Herberie, près du théâtre provisoire en construction, dans les rues Mercière et Raisin, et à l'une des issues du passage de l'Argue, où le boulet causa tant de ravages.

On se battit aussi à la place de la Fromagerie et à Perrache.

Des barricades furent élevées dans plusieurs endroits, notamment à la rue des Trois-Carreaux, au bout de la rue Saint-Marcel, et surtout à l'extrémité de la Grande-Rue.

Le combat ne cessa qu'à la nuit. Le résultat de cette journée fut, pour les troupes, l'occupation de la place de la Préfecture et des rues adjacentes, le port du Temple, le quai des Célestins, les ponts Séguin et de l'Archevêché, la place Saint-Jean, une partie du quartier où est située cette place, les quartiers resserrés entre le Rhône et la Saône, les ponts de la Guillotière et Morand, la place des Terreaux et les rues aboutissantes; les forts situés sur la rive gauche du Rhône, la caserne des Bernardines, le fort Montessuy.

Les troupes réunies formaient un ensemble de 7000 hommes qui s'augmenta des renforts venus de toutes parts.

Les insurgés occupaient une partie de la ville. — L'église Saint-Bonaventure était le centre de leurs opérations. — Ils s'étaient emparés des hauteurs, et le fort Saint-Irénée était en leur pouvoir.

Le 10, le combat ne recommença que fort tard dans la matinée.

La ville était dans la plus grande consternation. Le préfet, M. Gasparin, fit une proclamation qui ne produisit aucun effet.

La lutte engagée de nouveau fut acharnée et sanglante sur presque tous les points.

Lyon ressemblait à une ville prise d'assaut. — La fusillade et la canonnade durèrent toute la journée. L'artillerie incendia le collége et d'autres édifices du quai des Cordeliers. L'insurrection éclata à la Guillotière et dans le faubourg de Vaise. La résistance s'étendait. — Les insurgés possédaient deux pièces de canon : ils déployèrent une audace incroyable et firent des prodiges de valeur, dans cette journée du 10, qui fut signalée par tant d'incidens divers. Le public lyonnais rend hommage à la conduite que tinrent les ouvriers lorsqu'ils occupaient une partie de la ville.

Un fait seul va nous faire connaître si le public a eu raison de louer la modération des insurgés envers les prisonniers qu'ils faisaient.

« Les insurgés avaient arrêté un agent de police (le sieur Corteys), qui fut trouvé porteur de la liste des chefs de l'insurrection.—On l'avait déjà attaché, et on se disposait à le fusiller, lorsque Lagrange, l'un des chefs de l'insurrection, se jette au devant des armes et s'écrie :

« Mes amis, qu'allez-vous faire ? C'est au souverain seul qu'appartient le droit de vie et de mort ; le peuple est souverain : lui seul donc doit prononcer. Qu'il s'assemble en jury, et qu'il rende un verdict : son jugement est sans appel, et vous l'exécuterez. Mais, croyez-moi, ne souillons pas l'aurore de notre république en répandant le sang d'un homme désarmé. N'est-ce pas assez de celui qui coulera dans le combat ? »

Ces généreuses paroles furent comprises, et Corteys fut seulement gardé à vue, dans une maison du voisinage.

Les journées des 11 et 12 furent meurtrières pour les deux partis.

Fourvières fut saccagé par l'artillerie. Une nouvelle proclamation de M. Gasparin circula dans les rues occupées par la troupe. — Des scènes de désolation affligèrent la ville de Lyon, dans le cours de ces deux affreuses journées.

Le 12, un horrible massacre eut lieu dans le faubourg de Vaise, au domicile d'un sieur Chaguer, logeur et cabaretier. Cette expédition sanglante, nous devons le dire, a beaucoup de points de similitude avec celle non moins abominable que nous aurons à raconter tout à l'heure, et que nous voudrions pouvoir effacer de notre mémoire.

Un journal de Lyon, qui a rendu compte d'une ma-

LAGRANGE.

Lithographie de Chirac   Rue St Honoré.

nière fort étendue des scènes d'horreur qui se passèrent dans ce quartier, a annoncé que seize meurtres de personnes inoffensives avaient eu lieu dans deux maisons.

La fureur des vainqueurs était à son comble et rien ne pouvait s'y soustraire.

Comme au cloître Saint-Méry, à Paris, en 1832, l'église Saint-Bonaventure fut le théâtre d'une impitoyable boucherie. Des insurgés, qui étaient venus y chercher un abri derrière l'autel et les chapelles latérales, furent massacrés malgré les supplications des prêtres qui demandaient qu'on leur fît grâce.

Le soir, les insurgés étaient encore maîtres de Saint-Georges, de Saint-Irénée, de Saint-Just, de Fourvières, de Saint-Clair et de la Croix-Rousse.

Le 13, l'autorité militaire fit rétablir la circulation dans les rues de la ville.

M. Gasparin annonça aux habitans, dans une troisième proclamation, cette heureuse nouvelle.

Les troupes s'emparèrent, presque sans résistance, des hauteurs de Fourvières que tenaient encore quelques ouvriers mal armés et découragés par les défaites de la veille.

Le 14, Saint-Clair et la Croix-Rousse furent entièrement abandonnés.

Les ouvriers commencèrent alors à se disperser dans toutes les directions.

L'insurrection était vaincue et *l'ordre* allait régner à Lyon sur les cadavres et les décombres.

Quittons ces lieux de destruction et transportons-nous à Paris où, à l'exception de la *tuerie* de la rue Transnonain, les événemens sont loin d'avoir eu autant de gravité.

Dès le 9 au soir, l'insurrection des ouvriers lyonnais s'était répandue dans les lieux publics. — Le Messager en informait ses lecteurs. Cette nouvelle produisit une profonde sensation et causa un commencement d'agitation qui s'accrut le lendemain par la communication officielle qu'en donna le Moniteur.

Cette agitation, qui allait en croissant, arriva à son plus haut degré d'intensité, quand on apprit, le 12 au soir, que M. Thiers avait, à la chambre des députés, parlé de la situation de Lyon de manière à faire croire que le gouvernement concevait des inquiétudes sur les suites de la lutte qui venait de s'engager dans cette ville.

Dès lors, bien que la tranquillité publique n'eût pas encore été troublée, on put remarquer dans Paris une certaine disposition, sinon à la révolte, du moins à l'hostilité, contre les hommes du pouvoir. — Les sociétés populaires étaient en permanence depuis plusieurs jours, et elles se préparaient à prendre les armes pour opérer une diversion, dans l'intérêt de l'insurrection lyonnaise.

Le dimanche 13, jusqu'après de cinq heures, Paris conserva sa physionnomie accoutumée. — Rien ne faisait présager le trouble, si ce n'est qu'on savait que des renforts de troupes étaient arrivés dans la nuit et que la garde nationale de Paris et de la banlieue avait reçu l'ordre de se tenir prête à marcher au premier signal.

Le premier incident de la soirée fut une arrestation faite assez brutalement par des agens de police, sur la place du Châtelet.

Plusieurs autres arrestations eurent lieu dans la rue Saint-Martin, ce qui causa une vive fermentation dans ce quartier.

C'est à ce moment que des essais de barricades furent tentés dans les rues Beaubourg, Geoffroy-Langevin, Aubry-le-Boucher, aux Ours, Maubué, Transnonain, et Grenier-Saint-Lazare. On s'accorde généralement à dire que ces barricades informes furent élevées sous les yeux de la force armée et de la police, qui ne s'opposèrent pas à leur construction. — Si ce fait, qui nous a été attesté par plusieurs personnes du voisinage, est vrai, il est naturel d'attribuer les malheurs du 13 et du 14 à ceux qui pouvaient les prévenir.

Vers sept heures, la garde municipale et la garde nationale attaquèrent les faibles barricades des rues Aubry-le-Boucher et aux Ours, et les enlevèrent. Le sang français fut versé par des mains françaises. — Plusieurs personnes furent tuées dans cette action. — M. Chapuis, colonel de la quatrième légion, y eut le bras cassé.

Sur un autre point, à peu près à la même heure, M. Baillot fils, officier d'état-major de la garde nationale, était mortellement blessé en traversant la place Saint-Michel pour se rendre à la mairie du douzième arrondissement, où il portait des ordres. — Cet infortuné jeune homme succomba peu de jours après aux suites de sa blessure.

Le gouvernement voulant récompenser, dans la personne du père, le dévouement du fils accorda la pairie à M. Baillot. Quel dédommagement!....

A partir de six heures, on battit le rappel dans tout Paris. Les gardes nationaux parurent peu empressés à se réunir.

A neuf heures, le feu était à peu près terminé. Il existait des barricades dans les rues Montmorency, Transnonain, Beaubourg et celles environnantes ; elles étaient occupées par une centaine d'hommes n'ayant que quelques fusils et peu de munitions.

Il eût été très facile d'arrêter, le dimanche, cette échauffourée, mais l'autorité aima mieux attendre jusqu'au lendemain. — Elle était bien aise d'en imposer par un déploiement considérable de forces pour faire croire à un danger qui n'existait pas.

D'ailleurs on se flattait, on espérait, *peut-être*, que le parti républicain serait assez niais ou assez présomptueux pour accepter la grande bataille à laquelle on paraissait le convier depuis quelque temps. Mais il n'en fut pas ainsi : les républicains ne donnèrent pas dans le piège, et la quasi-révolte ne s'étendit pas au-delà du cercle étroit dans lequel elle s'était formée.

Le lundi 14, dès le matin, près de quarante mille hommes étaient sous les armes, et plusieurs pièces de canon étaient braquées dans différens quartiers.

Les troupes étaient commandées par les généraux Bugeaud, Rumigny et Tourton.

Vers cinq heures, l'ordre fut donné d'attaquer les barricades qu'occupaient une centaine d'hommes déjà harassés par les fatigues de la nuit. — Au bout de quelques minutes les barricades furent enlevées, et ceux qui les défendaient furent presque tous tués ou pris.

La vengeance aveugle du soldat ne tomba pas seulement sur les auteurs de cette folle entreprise : elle atteignit même des personnes étrangères à tout ce qui s'était passé.

C'est ici que notre plume se refuse à retracer les affreuses scènes des rues Montmorency et Transnonain.

Nous voudrions pouvoir taire les atrocités qu'on a commises dans la maison n° 12, mais nos devoirs de narrateur nous font une nécessité de mettre sous les yeux de nos lecteurs, un extrait du mémoire de M. Charles Breffort, frère de l'une des victimes.

Laissons parler les témoins de cet horrible massacre :

M. Daubigny. — A cinq heures la troupe est arrivée par la rue Montmorency; elle a fait un feu nourri et s'est emparée de la barricade.

Peu après, un autre peloton de voltigeurs est survenu par la rue Transnonain, sapeurs en avant; ils cherchaient, mais vainement, à briser la porte de notre maison, dont la solidité est extrême.

« C'est la ligne ! s'est-on écrié dans la maison : ah ! voilà nos libérateurs, nous sommes sauvés ! »

M. Guitard, mon mari et moi, nous descendons en toute hâte pour ouvrir. Plus leste que ces deux messieurs, je me jette à la loge de la portière, je tire le cordon, la porte s'ouvre. Les soldats se précipitent dans l'allée, font demi-tour à droite, frappent mon mari et M. Guitard, au moment où ceux-ci arrivaient à la dernière marche de l'escalier. Ils tombent sous une grêle de balles. L'explosion est telle, que les vitres de la loge, d'où je n'avais pas eu le temps de sortir, volent en éclats. J'eus alors un instant de vertige; il ne me quitta que pour me laisser voir le corps inanimé de mon mari étendu près de celui de M. Guitard, dont la tête était presque séparée du cou par les nombreux coups de fusil qui l'avaient atteint.

Rapides comme la foudre, des soldats, un officier en tête, franchissent le second étage. Une première porte pleine, à deux battans, a cédé à leurs efforts, une porte vitrée résiste encore. Un vieillard se présente qui l'ouvre : c'est M. Breffort père. « Nous sommes, dit-il à l'officier, des gens tranquilles, sans armes; ne nous assassinez pas. » Ces paroles expirent sur ses lèvres; il est percé de trois coups de baïonnettes; il pousse des cris. « Gredin, dit l'officier, si tu ne te tais pas, je te fais achever. » Annette Besson s'élance d'une pièce voisine pour voler à son secours. Un soldat fait volte-face vers elle, lui plonge sa baïonnette au-dessous de la mâchoire, et, dans cette position, lui lâche un coup de fusil dont l'explosion lance des fragmens de la tête jusqu'aux parois du mur. Un jeune homme, Henri Larivière, la suivait. Il est tiré de si près, lui, que le feu prend à ses vêtemens, que le plomb pénètre jusqu'à une grande profondeur dans le poumon. Il n'est cependant que blessé mortellement : alors un coup de baïonnette divise transversalement la peau du front et montre le crâne à découvert; alors aussi il est frappé en vingt places différentes. Et déjà la pièce n'était plus qu'une marre de sang; et M. Breffort père, qui, malgré ses blessures, avait eu la force de se réfugier dans une alcôve, était poursuivi par les soldats, et madame Bonneville, le couvrant de son corps, les pieds dans ce sang, les mains vers le ciel, leur criait : « Toute ma famille est à mes pieds; il n'y a plus personne à tuer, il n'y a plus que moi ! » et cinq coups de baïonnette perçaient ses mains.

Au quatrième, les soldats, qui venaient de tuer M. Le

Père et M. Robiquet, disaient à leurs femmes. « Mes pauvres petites femmes, vous êtes bien à plaindre ainsi que vos maris. Mais nous sommes commandés, nous sommes aussi malheureux que vous. »

Annette Vaché. — A dix heures et demie du soir, Louis Breffort revint près de moi se coucher. Notre nuit fut agitée. A cinq heures du matin, M. de la Rivière, qui avait passé la nuit au deuxième, chez M. Breffort père, monta nous souhaiter le bonjour; il nous dit qu'il avait très mal dormi, et qu'il avait entendu crier toute la nuit.

Une voix appela Louis d'en bas : c'était son père. M. de la Rivière descendit dire qu'il allait venir. Louis était en train de s'habiller; j'étais à peine vêtue moi-même, quand, entendant un grand bruit dans l'escalier, la curiosité m'attira jusqu'au quatrième.

« Où vas-tu? » me crient des soldats. Frappée de stupeur, je ne réponds pas. « Ouvre ton châle. » J'ouvre mon châle; on tire un coup de fusil sur moi, on me manque. « Arrête! » me crie-t-on encore, et on tire un second coup de fusil sur moi; je pousse un cri perçant, et arrive avec peine jusqu'à la porte de Louis. Es-tu blessée? me dit-il en la fermant sur moi. — Je ne crois pas; ils m'ont tirée de si près qu'ils ne m'auraient pas manquée; je pense qu'il n'y a pas de balles dans leurs fusils, qu'il n'y a que de la poudre. — Comment, pas de balles! mais ton châle en est percé en plusieurs endroits. — Ah mon Dieu! ils vont nous tuer. Louis, Louis! cachons-nous. Tiens, tiens, essayons de monter sur le toit : nous nous aiderons l'un l'autre. — Non, dit Louis, on ne tue pas le monde comme ça; je vais leur parler. »

Déjà les soldats frappaient dans la porte : Louis la leur ouvre. « Messieurs, s'écrie-t-il, que voulez-vous? Ne nous tuez pas : je suis avec ma femme, nous venons de nous lever. Faites perquisition, vous verrez que je ne suis point un malfaiteur. » Un soldat l'ajuste. Louis

2

tombe de son haut, la face contre terre ; il pousse un long cri ! « Ah !..... » Le soldat lui donne deux ou trois coups de crosse sur la tête, du pied le retourne sur le dos pour s'assurer qu'il était bien mort. Je me jette sur le corps de mon amant. « Louis, Louis ! ah ! si tu m'entends !..... » Un soldat me renverse sur le carreau. Quand je me relevai, les soldats avaient disparu. Je prêtai l'oreille, j'entendis de nouveaux pas, on revenait dans la chambre. J'eus peur, je me fourrai sous les matelas. « Est-ce qu'il n'y a plus personne à tuer ici ? disait une voix. Cherche donc sous les matelas. —Non, répondait un autre, je viens d'examiner ; il n'y en avait qu'un : tu le sais, va, il est bien mort. »

Mme Hu. — Dès la veille, nous avions été jusqu'à seize personnes, hommes et femmes, dans le cabinet occupé par madame Bouton. Nous nous y étions retirés dès que les insurgés menacèrent d'envahir la maison, car eux seuls nous inquiétaient. Nous ne pensions guère avoir à redouter quelque chose de la troupe. Nous étions absolument les uns sur les autres. M. Bouton nous avait tant de fois parlé de ses campagnes, des dangers qu'il avait courus, que nous nous croyons plus en sûreté près de lui ; cela était si naturel !.....

Nous étions encore treize, quand les troupes cherchèrent à briser la porte. A ce moment, nous n'avions plus de sang dans les veines

Madame Godefroy était le plus près de la porte. Elle tenait un enfant de quinze mois dans ses bras ; après elle venait M. Hu, mon mari, portant également notre enfant dans les siens. Madame Godefroy ne voulait pas ouvrir.

« Ouvrez, ouvrez, dit mon mari, que ces messieurs voient (il présente un enfant en avant) : nous sommes, vous le voyez, avec notre famille, mes amis, mes frères ! Nous sommes ici tous pères et mères de famille pacifiques. J'ai un frère qui est soldat aussi sous les drapeaux en Alger.

Madame Godefroy est poussée dans le corridor.

M. Hu, frappé à mort, tombe avec son fils sur le côté droit. L'enfant a le bras fracassé d'une balle.

Une inspiration de mère, ajouta madame Hu, me le fit arracher des bras de mon mari, et en me jetant en arrière, je tombai évanouie dans un grillage placé derrière moi. A ce moment, mon mari, déjà à terre, est frappé dans le dos de vingt-deux coups de fusil et de baïonnette.

On peut encore voir ses vêtemens; ils sont tellement déchirés, qu'ils ne présentent plus que des lambeaux raidis par le sang.

M. Thierry est tué; Loisillon, fils de la portière, succombe sous les coups. Plusieurs personnes tombent blessées. Loisillon pousse un cri d'agonie. « Ah, gredin, tu n'es pas encore fini! » disent les soldats; ils se baissent et l'achèvent.

C'est alors qu'ils aperçoivent M. Bouton, accroupi sous une table. Comme ils n'avaient plus de fusils chargés, ils le lardent à coups de baïonnette. Le train était tel que je crois encore l'entendre.

Ensuite, il est entré d'autres soldats qui ont tiré sur lui.

Francis Bruno, enfant de treize ans. —Dès le 13 au soir, nous nous étions retirés en assez grand nombre dans le cabinet de M. Bouton, de peur que les insurgés, qui voulaient monter dans la maison, ne vinssent y pénétrer. Nous y avions passé la nuit, lorsque, le 14 au matin, une foule de soldats se présentèrent à la porte de la chambre, d'où ils tirèrent à tort et à travers. Je reçus à la cuisse un coup de baïonnette d'un militaire qui déchargea son fusil en même temps. Je tombai à terre : il me retourna alors pour me plonger sa baïonnette dans les reins.

Après le récit que nous venons de donner, il ne nous reste plus qu'à tirer le rideau sur l'épouvantable drame de cette journée du 14, qui restera gravée en caractères de sang dans l'histoire du 19e siècle.

Loin de nous l'idée de vouloir réveiller des haines assoupies ! —

Nous désirerions, au contraire, qu'on pût ensevelir à toujours, dans l'oubli le plus profond, les malheurs de cette fatale journée, et qu'il fût possible de cacher à la postérité les souillures que des soldats français ont imprimées sur leur front.

Les départemens se ressentirent faiblement des événemens de Lyon et de Paris.

A Saint-Etienne, un engagement eut lieu entre la troupe et les ouvriers. — Ceux-ci perdirent un homme, et plusieurs d'entre eux furent blessés.

A Grenoble, quelques coups de fusil furent tirés. — On n'eut à déplorer qu'un léger accident.

La petite ville d'Arbois fit complètement une petite révolution. — La république y fut proclamée et les insurgés furent maîtres de la ville jusqu'au moment où les troupes vinrent y rétablir les insignes de la royauté.

Quelques barricades furent élevées à Châlons-sur-Saône, sur le pont Saint-Laurent, pour empêcher les dragons de se rendre à Lyon ; mais, à l'approche de la troupe, tout disparut.

Dans d'autres villes de l'est, quelques démonstrations eurent lieu. L'emploi de la force ne fut pas nécessaire pour les arrêter.

Partout force resta à la loi.

La victoire que le gouvernement croyait avoir remportée sur le parti républicain fut suivie de nombreuses arrestations à Paris et dans les départemens.

Les vainqueurs firent de la violence et de l'arbitraire.
— C'est l'usage.

Un imprimeur de Paris (M. Mie) fut brutalement
dépouillé de son brevet, et l'on supprima violemment un
journal de l'opinion républicaine (*la Tribune*). On ar-
rêta les principaux rédacteurs de cette feuille, et le domicile du principal rédacteur du *National* fut envahi
par la police.

De nombreuses arrestations eurent aussi lieu dans
les départemens.

Le 15 avril, le garde-des-sceaux vint présenter au
vote de la chambre des députés une loi contre les déten-
teurs d'armes de guerre, et demanda des crédits extraor-
dinaires. Le même jour, M. Persil portait à la chambre
des pairs une ordonnance qui constituait cette chambre
en cour de justice.

Voici la teneur de cette ordonnance :

ORDONNANCE QUI CONSTITUE LA CHAMBRE DES PAIRS EN COUR DE JUSTICE.

Louis-Philippe, roi, etc.
Vu l'article 28 de la Charte constitutionnelle, qui
attribue à la chambre des pairs la connaissance des
crimes de haute trahison et des attentats contre la
sûreté de l'état ;
Vu les articles 87, 88, 91, 92, 96, 97, 98 et 99
du Code pénal ;
Attendu que, sur plusieurs points du royaume, et
notamment à Lyon, les 9, 10 avril et jours suivans ;
à Saint-Etienne, les 11, 12 avril et jours suivans, et
à Paris, dans les journées des 13 et 14 avril, il a été

commis des attentats contre la sûreté de l'état, dont il appartient à la chambre des pairs de rechercher et de punir les auteurs, soit qu'ils aient agi isolément, ou à l'aide d'association;

Avons ordonné et ordonnons ce qui suit :

Article 1er. La cour des pairs est convoquée. Les pairs absens de Paris seront tenus de s'y rendre immédiatement, à moins qu'ils ne justifient d'un empêchement légitime.

2. Cette cour procédera sans délai au jugement des individus qui ont été ou qui seront arrêtés comme auteurs, fauteurs ou complices des attentats ci-dessus énoncés.

3. Elle se conformera pour l'instruction aux formes qui ont été suivies par elle jusqu'à ce jour.

4. Le sieur Martin (du Nord), membre de la chambre des députés, notre procureur-général près la cour royale de Paris, remplira les fonctions de notre procureur-général près la cour des pairs.

Il sera assisté du sieur Chegaray, notre procureur près le tribunal de première instance de Lyon, faisant les fonctions d'avocat-général, et chargé de remplacer le procureur-général en son absence, et du sieur Franck-Carré, substitut de notre procureur-général près la cour royale de Paris, faisant les fonctions de substitut du procureur-général, lesquels composeront avec lui le parquet de notre cour des pairs.

5. Le garde des archives de la chambre des pairs et son adjoint rempliront les fonctions de greffiers près notre cour des pairs.

6. Notre garde des sceaux, ministre secrétaire d'état au département de la justice, est chargé de l'exécution de la présente ordonnance, qui sera insérée au Bulletin des lois.

Fait à Paris, le 15 avril 1834.

Signé LOUIS-PHILIPPE.

Par le roi : le garde des sceaux, PERSIL.

La chambre en ordonna la transcription sur ses re-gistres et le dépôt dans ses archives.

Le lendemain la chambre se réunit en cour de justice; elle entendit le réquisitoire de M. Martin (du Nord), par lequel ce magistrat demandait :

« Qu'il plût à la cour lui donner acte du contenu au présent réquisitoire, renfermant plainte contre les auteurs, fauteurs, complices et adhérens des complots et attentats ci-dessus désignés, lesquels, aux termes de l'article 28 de la Charte et des articles 87, 88, 91, 92, 96, 97, 98 et 99 du Code pénal, sont de la compétence de la cour des pairs,

« Ordonner que, dans le jour, M. le président de la cour se commettra lui, ou désignera tels de MM. les pairs qu'il lui plaira, pour procéder à l'instruction desdits crimes, circonstances et dépendances, contre les individus déjà poursuivis par la justice et contre tous autres qui pourraient être ultérieurement inculpés;

« Ordonner que les procédures et actes d'instruction commencés seront apportés au greffe de la cour;

« Ordonner enfin que la cour s'assemblera au jour qui sera indiqué par M. le président pour entendre le rapport de la procédure et faire tous les autres actes que la marche de l'instruction rendra nécessaire. »

Sur ce réquisitoire, la cour rendit le même jour l'arrêt qu'on va lire.

ARRÊT.

LA COUR DES PAIRS,

Vu l'ordonnance du roi en date du 15 de ce mois;

Ensemble l'article 28 de la Charte constitutionnelle;

Ouï le procureur-général du roi en ses dires et réquisitions, et après en avoir délibéré;

Donne acte audit procureur-général du dépôt par lui fait sur le bureau de la cour d'un réquisitoire renfermant plainte contre les auteurs, fauteurs et complices des attentats à la sûreté de l'état dont le jugement a été renvoyé devant la cour par l'ordonnance susdatée;

Ordonne que, par M. le président de la cour et par tels de MM. les pairs qu'il lui plaira commettre pour l'assister et le remplacer en cas d'empêchement, il sera sur-le-champ procédé à l'instruction du procès, pour, ladite instruction faite et rapportée, être, par le procureur-général, requis, et, par la cour, ordonné ce qu'il appartiendra;

Ordonne que, dans ladite instruction, les fonctions attribuées à la chambre du conseil par l'article 128 du Code d'instruction criminelle, seront remplies par M. le président de la cour, etc.

Le 17 avril, le président, M. Pasquier, commit, pour l'assister, MM. le duc Decazes, le duc de Trévise, le comte Bastard, le comte Portalis, le comte Montalivet, Girod (de l'Ain), le baron de Fréville et M. Faure.

Sur un nouveau réquisitoire de M. Martin (du Nord), la cour des pairs joignit à l'instruction commencée les procédures dirigées par la justice ordinaire contre *la Tribune*, *l'Echo* et *l'Estafette*, pour raison d'articles publiés dans le premier de ces journaux les 11 et 13 avril et reproduits par les deux autres, et contenant, d'après la plainte, « provocation à un attentat ayant pour but, 1º de détruire et de changer le gouvernement, 2º d'exciter les citoyens à s'armer contre l'autorité royale, 3º d'exciter à la guerre civile, en portant les citoyens à s'armer les uns contre les autres, crimes prévus par les articles 87 et 91 du Code pénal. »

Après que toutes les formalités de procédure exceptionnelle eurent été remplies, l'instruction commença, et, pendant plusieurs mois, on entendit un nombre considérable de témoins.

La commission d'instruction se livra à toutes les investigations pour rattacher aux événemens de Paris et de Lyon tous les faits particuliers à d'autres villes ; en conséquence, elle recruta des prévenus dans les plus petites localités.

Aussi voyons-nous le rapporteur (M. Girod de l'Ain), dans sa volumineuse production, établir des catégories d'accusés.

D'après le monstrueux rapport de M. Girod (de l'Ain), dont nous nous garderons bien de donner même un résumé, l'imprimerie royale venant d'en gratifier toute la France , la liste des accusés comprend 442 noms divisés ainsi :

Lyon (14 catégories). . . .	216 inculpés.
Saint-Etienne (2 catégories). .	16
Isère (5 catégories). . . .	11
Châlons-sur-Saône.	11
Arbois.	27
Besançon.	1
Marseille.	4
Clermont-Ferrand.	1
Paris	134
Epinal et Lunéville (2 catégories).	17
Perpignan.	4

Total. . . . 442 inculpés.

Après avoir rapporté les faits généraux et particuliers qui, suivant l'instruction, auraient signalé les troubles du mois d'avril, M. Girod (de l'Ain), avec sa loquacité habituelle, traite la question de compétence.

Le rapport de M. Girod (de l'Ain) peut à peine être

contenu dans quatre énormes volumes in-4º; sa lecture a occupé la cour pendant plusieurs jours. Toutes les audiences qui ont été tenues, du 13 décembre 1834 au 2 février suivant, furent remplies par la délibération relative aux conclusions développées dans le réquisitoire du procureur-général.

Dans l'audience du 2 février, la cour entendit la lecture d'un projet d'arrêt définitif de mise en accusation, lequel fut ensuite déposé au greffe, pour que chacun des pairs pût en prendre une connaissance particulière, avant l'audience suivante, fixée au vendredi 6 du même mois.

Voici le texte de l'arrêt de mise en accusation, tel qu'il fut libellé et signé par les membres de la cour.

La cour des pairs :

Ouï, dans les séances des 24, 25, 26, 27, 28, 29 novembre, 1er, 2 et 3 décembre 1834, M. Girod (de l'Ain), en son rapport de l'instruction ordonnée par les arrêts des 16, 21 et 30 avril précédent ;

Ouï, dans les séances des 8, 9, 10, 12 et 15 décembre 1834, le procureur général du roi, en ses dires et réquisitions... ;

Après qu'il a été donné lecture par le greffier en chef et son adjoint des pièces de la procédure et des mémoires présentés par les inculpés, et après en avoir délibéré hors le présence du procureur-général, dans les séances des 19, 20, 22, 23, 24 et 26 décembre 1834; 5, 6, 7, 8, 9, 10, 12, 13, 14, 15, 16, 17, 19, 20, 21, 23, 24, 26, 27, 28, 29, 30 et 31 janvier 1835, 2 et 6 du présent mois ;

En ce qui touche la question de compétence :

A l'égard des faits déférés à la cour par ordonnance

royale du 15 avril 1834, ainsi que de ceux sur lesquels la cour a par ses arrêts des 16, 21 et 30 du même mois, statué qu'il serait procédé ;

Attendu qu'il résulte de l'instruction que ces faits sont connexes ;

Attendu qu'ils constitueraient. s'ils étaient prouvés, le crime d'attentat à la sûreté de l'état défini par le Code pénal ;

Attendu qu'il appartient à la cour d'apprécier si les circonstances de ces faits les classent au nombre de ceux qui constituent les crimes indiqués par l'art. 28 de la Charte constitutionnelle ;

Attendu que la simultanéité des mêmes faits sur divers points du royaume, la nature des provocations qui les auraient précédés et amenés, le concert qui aurait existé entre leurs auteurs, fauteurs et complices, le but commun et publiquement avoué du renversement de la constitution de l'état par la violence et la guerre civile, imprimeraient à cet attentat le caractère de gravité et de généralité qui doit déterminer la cour à s'en réserver la connaissance ;

En ce qui touche les faits qui se sont passés à Lunéville les 15 et 16 avril 1834 et jours précédens,

Attendu qu'il résulte de l'instruction que ces faits seraient connexes avec ceux qui viennent d'être énoncés, et présenteraient les mêmes caractères ;

Au fond, en ce qui concerne

Abeille, Aberjoux, Albran, Amand, Anfroy, Arago, Auclaire, Auzart, Ayel. — Bartel, Barthélemy, Bayle dit le Chambonnaire, Bérard, Bérardier, Berlié, Bernard, Berroyez, Berthelier, Bertholon, Bertrand, Bicon, Billecard, Billet. Bith, Blancafort, Bœuf, Boissier, Bonnefonds, Bossu, Boucher, Boudet, Bouilleret, Bouladon, Bouquin, Bourdon, Bourgeois, Bourseaux, Bregand, Bremant, Bressy, Brogniac dit Labrousse, Butor. — Caieux, Camus, Catelin, Chapuis, Charles, Charpentier, Charrié, Chauvel, Chiret, Choublan, Clément

(Jean-Baptiste-Joseph), Clément (Pierre-François), Clocher, Corbière, Couchoud (Louis), Couchoud (troisième des frères de ce nom), Coudreau, Crépu, Croûvisier, Curia. — Danis, Decœur, De Bérot, Defrance, Dégly, Delacroix, Delorme, Delsériès, De Murard de Saint-Romain, Denfer, Desgenetais, Desgranges, Desiste, Desmard, Dessagne, Diano, Drevet, Drin fils, Drulin, Duchesne, Duffet, Dufour, Dumas, Durand (Napoléon), Durand (Joseph-Antoine), Durand (Honoré ou Jean), Durdan, Durrière, Dusségné, Duval. — Edouard, Escoffier, Esselinger. — Faillon, Faivre, Farcassin, Favier, Fayard cadet, Ferton, Fontaine, Forgeot, Fortunat fils, Fouet dit Offroy, Fournier, Fraudon, Fumey. — Gaignaire, Garcin, Gardet, Garnet, Gaud de Roussillac, Gaudelet, Gaudry père, Gauthier, Gautié, Genin, Gerbet, Gervaise, Gervazy, Gille, Girard (Joseph), Girard (Pierre-Antoine), Girod, Godard, Gossent, Granier, Gros dit Barbe-Fine, Gros (François), Gros (Louis), Guélard, Guerpillon, Guibaud, Guigues, Guillemin, Guillot, Guy, Guyat, Guydamour. — Hamel, Hance, Hardouin, Hébert, Heer, Hervé, Hettinger. — Jacquilliard, Jour, Journet, Joyard, Jullard. — Kolmerchelac, Krug (Adèle) dite femme Jomard. — Labrousse, Lacambre, Langlois, Lapointe, Laporte, Lardin, Lasalle, Laurenceot, Laval, Lechalier, Lecouvey, Ledoux, Lefèvre, Léger, Legoff, Leroux, Levraud, Lhéritier, Livonge, Lizier, Loret, Loriot. — Mamy, Manin, Marrel aîné, Marquet, Martinault, Martinier dit Landat, Matrod, Maurice, Mazille, Massoyer, Medal, Mercier, Mérieux, Meyniel, Millet, Minet, Mollon (Jean-François), Mollon (Jean-Pierre), Morat, Moriencourt, Moulin, Mouton, Muzard. — Obry, Odéon, OEuillet, Olagnet, Olanier. — Pacrat, Panier, Papillar, Paquet, Paret, Parize, Paulandré, Pellegrin, Perin, Petavy, Petetin, Petit, Petot, Peyrard, Picard, Pichat, Pichot, Pillot, Piroutet, Poncet, Poujol, Prieur, Pailloud. — Raggio, Raison, Ramondetti, Rançon, Raynaud, Regnier, Renard, Renaux, Rennevier, Reinhard, Rey, Reimond fils, Rhonat dit Renat, Richard, Risbey, Rocatty, Romand-Lacroix, Rousset, Roustan, Roux, Ruaud. — Saffray, Sailliet, Salles, Sans, Saublin, Séchaud, Séguin, Sicard, Simon, Simonet, Sobrier, Spilment. — Tahey, Taxil, Terrier, Thibaudier, Thiver, Touvenin. Tournet, Troyé on Troilliet, Trevez, Tronc. — Valin, Verpillat, Vignerte, Vincent, Vourpes ou Vourpy cadet dit Virot.

Attendu que de l'instruction ne résultaient pas contre eux charges suffisantes de culpabilité :

En ce qui concerne

Adam, Albert. — Bastien, Baune fils dit Roguet, Bertholat dit Bérard, Bille dit l'Algérien, Bille (Pierre), Billon, Blanc, Bocquis, Boura, Bouvard, Boyet, Breitbach, Brunet, Butet, Buzelin. — Cachot, Cahuzac, Caillet, Carrey, Carrier, Catin dit Dauphiné, Coussidière, Chagny cadet, Chancel, Charles, Charmy, Chatagnier, Chéry, Cochet, Corréa, Court. — Daspré, Delacquis, Depassio aîné, Depassio cadet, Despinas, Desvoys, Didier, Drigeard-Desgarnier. — Fouet, Froideveaux, — Gayet, Genets, Girard, Giraud ou Girod, Goudot, Gouhe, Granger, Gueroult, Guibier ou Didier dit Biale, Guichard, Guillebeau fils. — Hugon, Huguet. — Jobely, Julien, Lafont, Lagrange, Lambert, Lange, Laporte. — Marcardier, Margot, Marigué, Marpelet, Martin, Mathon, Mazoyer, Mercier, Mollard-Lefèvre, Mollon, Morel, Muguet. — Nicot, Noir. — Offroy, Onke de Wurth. — Pacaud, Pirodon, Pommier, Pradel, Prost (Joseph), Prost (Gabriel), Pruvost. — Raggio, Ratignié, Regnauld d'Eperey, Reverchon (Marc-Etienne), Reverchon cadet (Pierre), Riban fils, Rockzinsky, Roger, Rossy, Roux, dit Sans-Peur. — Saunier, Serviette, Sibille aîné, Sibille cadet, Souillard, dit Chiret. — Thion, Tourrès. — Varé, Veyron, Villain, Villiard, Vincent.

Attendu que de l'instruction résultent contre eux

charges suffisantes, d'avoir commis ou tenté de commettre un attentat dont le but était, soit de détruire, soit de changer le gouvernement, soit d'exciter les citoyens ou habitans à s'armer contre l'autorité royale, soit d'exciter la guerre civile en armant ou en portant les citoyens ou habitans à s'armer les uns contre les autres;

Crimes prévus par les articles 87, 88, 89, et 91, du Code pénal;

En ce qui concerne,

Albert. — Baune, Baumont, Berthier-Fontaine. — Cavaignac, Court. — Delente, de Ludre. — Guillard de Kersausie, Guinard. — Hugon. — Lebon. — Marrast, Martin. — Recurt, Rivière. — Vignerte

Attendu que de l'instruction résultent contre eux charges suffisantes de s'être rendus complices dudit attentat, en provoquant ses auteurs à le commettre, par des écrits ou imprimés vendus ou distribués, laquelle provocation aurait été suivie d'effet;

Crimes prévus par l'article 59 du Code pénal, et par l'article 1er de la loi du 17 mai 1819;

En ce qui concerne

Albert, Arnaud, Aubert. — Baune, Beaumont, Béchet, Bernard, Berrier-Fontaine. — Caillié, Candre, Carrier, Caussidière (Jean), Caussidière (Marc), Cavaignac, Chilman, Court, Crevat. — Delayen, Delente, de Ludre, de Régnier. — Farolet, Fournier. — Gilbert dit Miran, Guibout, Guillard de Kersausie, Guinard. — Herbert, Hubin de Guer, Hugon. — Imbert. — Lally de Neuville, se disant Lally Tolendal; Landolphe, Lapotaire, Lebon, Leconte, Lenormand. — Maillefer, Marrast, Martin, Mathé, Mathieu, Ménand, Montaxier. — Nicot. — Pichonnier, Poirotte, Pornin, Poulard. — Ravachol, Recurt, Regnault d'Epercy, Rosières, Rossary. — Sauriac, Stilier. — Tassin, Thomas, Tiphaine, Tricolet. — Vignerte. — Yvon.

Attendu que de l'instruction résulte contre eux charges suffisantes de s'être rendus complices du même atten-

KERSAUSIE.

tat, soit en en concertant et arrêtant la résolution, soit
en donnant des 'instructions pour le commettre, soit en
y provoquant par des machinations ou artifices coupables, soit en procurant à ses auteurs des armes ou tous
autres moyens ayant servi à le commettre, sachant qu'ils
devaient y servir, soit en aidant ou assistant, avec connaissance, les auteurs dudit attentat dans les faits qui
l'ont préparé ou facilité et dans ceux qui l'on consommé ;

Crimes prévus par les articles 59, 60, 87, 88, 89 et
91 du Code pénal;

La cour se déclare compétente :

Donne acte au procureur général de ce qu'il s'en re-
met à la prudence de la cour à l'égard des inculpés.
(Suivent les noms, déjà connus.)

Déclare qu'il n'y a lieu à suivre contre :

(Ici se reproduit la première liste ci-dessus, commençant par le sieur Abeille, et finissant par le sieur Voupes
ou Vourpy, dit *Virot*.)

Ordonne qu'ils seront mis en liberté, s'ils ne sont détenus pour autre cause.

Lesdites mises en liberté, déjà provisoirement exécu-
tées les 20, 22, 23, 24, 26 décembre 1834, et les 7,
9, 10, 12, 13, 14, 15, 16, 19, 20, 21, 23, 24, 26,
27, 28, 29 et 31 janvier dernier et le 2 du présent
mois, en vertu de la décision prise par la cour, le 20
décembre.

Ordonne la mise en accusation desdits :

Adam, Albert, absent; Arnaud, Aubert, absent.
— Bastien, Baune fils, dit Roguet, absent; Baune,
Beaumont, Béchet, Béchet, Bérard, Bernard, Berrier-
Fontaine, Bertholat, absent; Bille, Bille, dit l'Algérien,
absent; Billion, Blanc, Bocquis, absent; Boura, absent;
Bouvard, absent; Boyet, Breitbach, absent; Brunet,
absent; Butet, Buzelin.— Cachot, Cahuzac, Caillier,
Caillé, Candre, Carrey, absent; Carrier, Catin dit Dau-
phiné, Caussidière (Jean), Caussidière (Marc), Cavai-

gnac, absent; Chagny cadet, Chancel, absent; Charles, Charmy, Chatagnier, Chéry, Chilman, Cochet, Corréa, absent; Court, absent; Crevat.— Daspré, absent; Delacquis, Delayen, Delente, Deludre, absent; Depassio aîné, absent; Depassio cadet, absent; De Regier, Despinas, Desboys, Didier, absent; Drigeard-Desgarnier. — Farolet, Fouet, Fournier, Froideveaux.— Gayet, Genets, Gilbert dit Miran, Girard, Girard (Antoine), Giraud ou Girod, absent; Goudot, absent; Gouge, absent; Granger, Gueroult, Guibier, ou Didier dit Biale; Guibout, Guichard, Guillard de Kersosie, Guillebeau fils, absent; Guinard. — Herbert, Hubin de Guer, Hugon, absent; Huget. — Imbert. — Jobely, Julien. — Lafont, Lagrange, Lally de la Neuville se disant Lally-Tolendal, absent; Lambert, absent, Landolphe, Lange, Laporte, Lapotaire, Lebon, Leconte, Lenormant. — Maillefer, Marcadier, Margot, Marigné, Marpellet, absent; Marrast, Martin, absent; Mathé, absent; Mathieu, Mathon, Mazoyer aîné, Menand, absent; Mercier, Mollard-Lefèvre, Mollon, absent; Montaxier, Morel, Muguet, absent. — Nicot, Noir. — Offrey, absent; Onke de Wurth, absent; Pacaud, absent; Pichonnier, Pirodon, absent; Poirotte, Pommier, absent; Pornin, Poulard, Pradel, Prost, absent; Prost (Gabriel), absent; Pruvost. — Raggio, Ratignié, Ravachol, Regnauld d'Epercy, absent; Reverchon cadet (Pierre), Riban fils, Rivière cadet, absent; Rockjisky, Roge, Rojières, Rouse. — Saunier, absent; Sauriac, Serviette dit Servière, absent; Sibille aîné, absent; Sibille cadet, absent; Souillard dit Chiret, absent; Stiler. — Tassin, Thion, Thomas, Thiphaine, Tourrès, Tricotet. — Varé, Veyron, absent; Vignerte, Vilain, Villiard, Vincent, absent. — Yvon.

Ordonne de plus qu'ils seront pris au corps et conduits dans l'une des maisons d'arrêt de Sainte-Pélagie, de la Conciergerie, de l'Abbaye ou dans telle autre maison d'arrêt que la cour autorise le président à désigner ultérieurement pour servir avec celles ci-dessus, de maisons de justice près d'elle ;

Ordonne que le présent arrêt sera notifié, à la requête du procureur-général, à chacun des accusés ;

Ordonne également que l'acte d'accusation, qui sera dressé en vertu du présent arrêt, sera notifié, à la même requête, à chacun des accusés ;

Ordonne que les débats s'ouvriront au jour qui sera ultérieurement indiqué par le président de la cour, et dont il sera donné connaissance, au moins quinze jours à l'avance, à chacun des accusés ;

Ordonne que le présent arrêt sera exécuté à la diligence du procureur-général du roi.

L'acte d'accusation ayant été signifié aux prisonniers, M. Félix Faure, pair de France, délégué par M. Pasquier, se rendit, le 21 mars, à Sainte-Pélagie, pour nommer des défenseurs d'office aux accusés.

La réponse de ceux-ci fut unanime. — Ils déclarèrent qu'ils n'avaient rien à accepter de leurs ennemis, et qu'ils ne feraient connaître leurs avocats et leurs conseils qu'après avoir communiqué avec leurs co-accusés.

Les prévenus crurent de leur devoir de faire savoir aux avocats désignés par la cour des pairs que s'ils se présentaient à ce titre devant eux, ils regarderaient ce fait comme une injure personnelle. Une lettre dans ce sens fut adressée aux journaux ; elle était signée par tous les accusés de Paris.

Le *Journal de Paris* reçut l'ordre de répondre à la lettre des détenus d'avril, de la manière suivante :

Nous avons annoncé, il y a quelques jours, que plusieurs prévenus d'avril, ayant voulu choisir pour défenseurs des personnes non inscrites au tableau des avocats, M. le président de la cour des pairs leur en avait refusé l'autorisation.

Par suite de ce refus, ces messieurs adressèrent à M. le président de la cour des pairs, et firent publier dans les journaux, une déclaration portant qu'ils s'étaient irrévocablement décidés à prendre pour défenseurs qui bon leur semblerait, inscrits ou non sur le tableau des avocats, et que si l'on persistait à leur en refuser l'autorisation, ils ne choisiraient point d'autres conseils, et refuseraient de se défendre.

Aujourd'hui plusieurs journaux publient la note suivante, communiquée par les prévenus :

« M. Félix Faure, pair de France, est venu aujourd'hui, par ordre du président de la cour des pairs, faire connaître aux prévenus d'avril les avocats d'office indiqués pour chacun d'eux. Les prévenus ont paru un à un, et tous ont déclaré qu'ils se refusaient absolument à admettre auprès d'eux les avocats d'office qu'on a la prétention de leur imposer. »

L'explication de cette mesure se trouve tout entière dans les articles suivans du code d'instruction criminelle:

Art. 293. Vingt-quatre heures au plus tard après la remise des pièces au greffe et l'arrivée de l'accusé dans la maison de justice, celui-ci sera interrogé par le président de la cour d'assises, ou par le juge qu'il aura délégué.

Art. 294. L'accusé sera interpellé de déclarer le choix qu'il aura fait d'un conseil pour l'aider dans sa défense; sinon le juge lui en désignera un sur-le-champ, à peine de nullité de tout ce qui suivra.

Nous laissons aux légistes le soin d'apprécier s'il est possible de trouver dans l'article 294 du code d'instruction criminelle la justification de la conduite de la chambre des pairs à l'égard des prévenus.

RASPAIL.

Lithographie de Chirac   Rue S.ᵗHonoré, 63.

Nous espérons qu'à l'ouverture des débats M. Pasquier reviendra d'une prétention aussi injuste qu'inconcevable, en laissant aux accusés la faculté de se faire défendre par qui bon leur semblera, et que ceux-ci ne présenteront comme leurs conseils que des hommes honorables.

LISTE

DES DÉFENSEURS PROPOSÉS PAR LES ACCUSÉS.

PARIS.

Avocats. — MM. Garnier-Pagès, Dupont, Marie, Ledru-Rollin, Vervoot, Boussi, Charton, Baud, Landrin, Plocque, Charles Ledru, Briquet, Emile Lebreton, Virmaître, Jules Bernard (de Rennes), Moulin, Landon, Rodières, Chamaillard.

Conseils. — MM. Voyer-d'Argenson, Buonarotti, Audry de Puyraveau, P. Leroux, Reynaud, Bastide, Blanqui, Desjardins, Marc-Dufraisse, Carrel, Raspail, Lamennais, B. Vignerte, Etienne Arago, Barbès, Flocon, Teyssier, Laponneraye, Dussart, Fulgence Girard, Martin Bernard, ouvrier imprimeur, N. Parfait, L'Héritier, Carnot, Arago de l'Institut, Caunes, Ch. Teste, Sterlin, chef de bataillon de la 3e, Dolley, Legendre, Gervais, Thibeaudeau, Aug. Comte, Chars, Fabas.

DÉPARTEMENS.

Avocats. — MM. Michel (de Bourges), Joly (de Carcassonne), Saint-Ouen (de Nancy), Woirhaye (de Metz), Dornez (idem); Lichtemberger (de Strasbourg), Martin (id.), Saint-Romme (de Grenoble), Farconnet (id.), Laurent (id.), Crépu (id.), Sénard (de Rouen), Pontois (de Poitiers), Hiler (de Nevers), Monet (de Dijon), Gasc (de Toulouse), Jules Favre (de Lyon), M. A. Périer (id.), Chanay (id.), Characin (id.), Leduc (d'Arras), Trinchan (de Carcassonne), Allem (d'Auch), Aiguebelles (id.), Deville (de Tarbes), Paissac (de Montpellier), Kœnig (de Colmar), Renaud-Yves (id.), Coraly (de Limoges), Couture (d'Amiens), Severin (du Mans), Barbillat (des Vosges).

Conseils : — Trélat (de Clermont), Robert (d'Auxerre), Litot (de Colmar), Guépin (de Nantes), Verges (de Daxe), Guichené (de Bayonne), Corbière (de Perpignan), Pesson (de Tours), Lallemand (de Montpellier), Vidot (de Beaune), Mithiviers (d'Aurillac), Copens (de Beaune), Giffard (de Tarbes), Carmes (d'Alby), J. Leroux (de Marseille), Berthaud (de Lyon), Laroche-Barré (de Rouen), David (de Poitiers), Sonthonas (de Senlis), Mathieu (d'Amiens), James Demontry (de Dijon), Demay (id.), J. J. Fortoul (de Marseille), H. Fortoul (id.), Sougeon (de Bordeaux), Degeorge (d'Arras), Pance (de Troyes), Thouvenel (de Nancy), Lereuil (de Semur), Bouchotte (de Metz), Vasseur de Grenoble), général Tarayre, Morand (de Tours).

LETTRE

DES ACCUSÉS AUX AVOCATS NOMMÉS D'OFFICE.

Les accusés d'avril, détenus à Sainte-Pélagie, aux avocats nommés d'office par la cour des pairs.

« Messieurs,

« Vous avez été nommés d'office pour nous défendre devant la cour des pairs.

« Quelque considération que doivent inspirer votre zèle et vos lumières, nous venons déclarer que nous n'en pouvons accepter le secours, et que nous avons fait choix d'avocats et de conseils qui ont toute notre confiance.

« Nous vous prévenons, en conséquence, que nous refusons et que nous refuserons toute espèce de communication avec vous, et que vous n'obtiendrez de nous aucune sorte de renseignement ni sur les faits généraux du procès, ni sur notre position particulière.

« Après une déclaration si formelle, votre déférence aux ordres de M. Pasquier ne serait plus à nos yeux qu'un acte volontaire d'hostilité de votre part ; et, loin de remplir le vœu de la loi, qui veut que tout accusé soit défendu, vous deviendriez un obstacle destiné à empêcher que nous puissions l'être.

« Nous devions vous écrire, messieurs, pour vous rendre plus sensible la gravité de votre position.

« Il vous reste maintenant à juger vous-mêmes si votre dignité, celle de l'ordre auquel vous appartenez, peuvent vous permettre de vous imposer aux accusés malgré eux, et de vous rendre ainsi complices d'une iniquité judiciaire sans exemple et des passions d'un ennemi sans pudeur.

« Agréez, messieurs, nos salutations empressées.
« P. Pichonnier, J. J. Vignerte, Armand Marrast, N. Lebon, Landolphe, Grangé, E. Varé, Chilmann, P. Fouet, C. Billon, Buzelin, G. Cavaignac, Candre, Fournier, A. Guinard, Matthieu, Imbert, Delacquis, Royer, Montaxier, Kersausie, Beaumont, Delente, Herbert, X. Sauriac, Pornin, Rosières, Poirotte, Leconte, Lenormant, V. Crevat, Tassin, Hubin de Guer, Guibout, Bastien, Guéroult, Villain, Caillet, Provost, Cahuzac, Mathon, Riban.
« P. S. Comme nous ne connaissons pas le nom de tous les avocats nommés d'office, nous avons dû nous adresser à M. le bâtonnier, et employer en même temps la voie des journaux, afin qu'aucun de vous ne puisse ignorer notre intention.

« Sainte-Pélagie, 25 mars. »

DÉCLARATION

DES PRÉVENUS DE LYON.

Ayant appris que MM. les avocats désignés d'office

étaient embarrassés de la position dans laquelle les avait mis M. le président de la cour des pairs, les soussignés déclarent qu'ils ne communiqueront désormais qu'avec les défenseurs et conseils qui auront été choisis par eux-mêmes, ou agréés par leur comité de défense.

Ils invitent donc MM. les avocats nommés d'office à ne pas prendre la peine de se rendre près d'eux.

Ont signé MM. Lagrange, Auguste Gérard, élève vétérinaire ; Beaune, Reverchon, Carriez, Jobely, Molard-Lefèvre, Raggio, Thion, Proczinski, Despinas, Chagny, Guichard, Chéry, Huguet, Dingarine, Ravachol, Blanc, Ratignie, Girard, Benoitot, Lange, L. Margot, Tourry, Auguste Froidevaux, Bérard, Mazoyer, Gayet, Bille, Marignier, Villiard, Desvoyer, Laporte, Julien, Lafond, Laporte, Tiphaine, Charny, Cachot, Pierre Reverchon, Rossary, Butet, Jean Roux, Chatagnier, Morel, Cochet, Noir, Pradel, Caussidière père et Caussidière fils.

Prison de la Conciergerie, le 31 mars 1835.

Ces signatures sont accompagnées d'un sceau qui représente un faisceau surmonté du bonnet de la liberté, entouré d'une double branche de chêne, et autour duquel on lit cette exergue : RÉPUBLICAINS FRANÇAIS.

C'est dans ces conjonctures que fut rendue l'ordonnance qui suit :

ORDONNANCE PERSIL.

Louis-Philippe, etc.

Vu les art. 22, 28, 29 et 47 de la Charte constitutionnelle et l'article 4 de la loi du 10 avril 1834, qui déterminent les cas dans lesquels la chambre des pairs est constituée en cour de justice :

Vu l'art. 38 de la loi du 22 ventôse an XII, ainsi conçu :

« Il sera pourvu, par des règlemens d'administration

publique, à l'exécution de la présente loi, et notamment à ce qui concerne...

« 7° La formation du tableau des avocats et la discipline du barreau. »

Vu le décret du 14 décembre 1810 et l'ordonnance royale du 20 novembre 1822, contenant règlement sur l'exercice de la profession d'avocat et la discipline du barreau.

Vu l'art. 4 de notre ordonnance du 27 août 1830, ainsi conçu :

« A compter de la même époque (de la publication de l'ordonnance), tout avocat inscrit au tableau pourra plaider dans toutes les cours royales et tous les tribunaux du royaume, sans avoir besoin d'aucune autorisation, sauf les dispositions de l'art. 295 du Code d'instruction criminelle :

Vu l'art. 295 du Code d'instruction criminelle, ainsi conçu :

« Le conseil de l'accusé ne pourra être choisi par lui, ou désigné par le juge, que parmi les avocats ou avoués de la cour royale ou de son ressort ; à moins que l'accusé n'obtienne du président de la cour d'assise la permission de prendre pour conseil un de ses parens ou amis. »

Sur le rapport de notre garde des ceaux, ministre secrétaire d'état au département de la justice et des cultes :

Considérant que les règlemens sur la discipline du barreau ne contiennent aucune disposition spéciale sur l'exercice de la profession d'avocat devant la juridiction de la cour des pairs, et qu'il convient d'y pourvoir, dans l'intérêt de la défense et de l'ordre public ;

Notre conseil d'état entendu ;

Nous avons ordonné et ordonnons ce qui suit :

Article 1er. — Tout avocat inscrit au tableau d'une cour ou d'un des tribunaux du royaume pourra exercer son ministère devant la cour des pairs.

Néanmoins, les avocats près la cour royale de Paris

pourront seuls être désignés d'office par le président de
la cour des pairs, conformément à l'art. 295 du Code
d'instruction criminelle.

2. Les avocats appelés à remplir leur ministère devant la cour des pairs y jouiront des mêmes droits, et
seront tenus des mêmes devoirs que devant les cours
d'assises.

3. La cour des pairs et son président demeurent in-
vestis, à l'égard des avocats, de tous les pouvoirs qui
appartiennent aux cours d'assises et aux présidens de ces
cours.

4. Notre garde des sceaux, ministre secrétaire d'état
au département de la justice et des cultes, est chargé
de l'exécution de la présente ordonnance.

Paris, le 30 mars 1835.

LOUIS-PHILIPPE.

Par le roi : le garde des sceaux, ministre secrétaire d'état au département de la justice et des
cultes,   C. PERSIL.

Le surlendemain de la publication de cette ordonnance, les accusés adressèrent aux avocats du barreau de
Paris la lettre suivante :

Sainte-Pélagie, 1er avril 1835.

*Les accusés d'avril aux avocats du barreau de
Paris.*

MESSIEURS,

Nous nous sommes déjà expliqués publiquement vis-
à-vis des avocats désignés d'office pour nous défendre, sur
les motifs qui nous font repousser l'odieuse prétention
élevée par M. Pasquier. L'opinion l'a flétrie, vous vous
êtes associés à cette réprobation générale; une consul-
tation a été préparée par plusieurs d'entre vous; les
avocats désignés d'office nous ont déclaré, pour la plupart, qu'ils ne se croiraient autorisés que par notre consentement. C'est dans cette position que le *Moniteur*

public une ordonnance qui viole toutes les idées de justice, et dont le gouvernement ne peut avouer ni cacher le but.

Ainsi, on ne nous oppose plus seulement le pouvoir discrétionnaire du président d'une cour spéciale, c'est le bon plasir qui statue par une disposition rétroactive sur des questions judiciaires. Ainsi, ce n'est point assez que nous soyons soumis à tous les caprices d'un tribunal exceptionnel, sans frein, sans appel, sans contrôle. Si le mépris de toutes les lois ne lui suffit pas pour nous enlever jusqu'à notre dernière garantie, une ordonnance intervient, l'arbitraire s'ajoute à l'arbitraire, toutes les iniquités se liguent. La politique, disent effrontément nos ennemis, ne doit pas manquer à la justice; nous ne manquerons pas, nous, à notre devoir, et nous vous demandons de remplir le vôtre avec la fermeté qui convient à votre profession, avec la promptitude que les circonstances exigent.

Messieurs, nous ne réclamons point devant la cour des pairs, et nous ne sommes pas tentés de recourir à ceux qui, dans la chambre des députés, se prétendent les soutiens des droits outragés; nous n'avons rien de commun avec ces pouvoirs désordonnés, avec ces opinions sans vigueur. Nous ne nous enquerrons pas des vôtres, messieurs; nous ne parlons plus seulement aux avocats désignés d'office, nous parlons au barreau de Paris tout entier. L'ordre des avocats est, dans son ensemble, le dépositaire, le mandataire spécial du droit de défense. Nous nous adressons à une classe de citoyens dont la mission est engagée dans la lutte que nous soutenons aujourd'hui. Nous vous exhortons, s'il en est besoin, à persister dans la résistance que votre caractère public vous appelle à déployer hautement, résolus, pour notre part, à tout faire plutôt que de rien céder.

La coalition de prétentions iniques n'ébranlera pas plus, nous aimons à le croire, votre indépendance que notre résolution; mais il ne suffirait pas que les avocats désignés d'office protestassent vis-à-vis de nous de leur respect pour le droit de libre défense ; il importe qu'ils s'en expliquent de manière à constater publiquement et sans délai leur détermination : tant qu'ils ne l'auront pas clairement et fortement exprimée, nous resterons dans une complication qui entrave le soin urgent de notre défense ; ils ajourneraient une solution sans laquelle de nouveaux embarras s'ajouteront encore à ceux de notre captivité. Il importe que le barreau entier appuie cette manifestation décisive.

Nous nous adressons à vous, comme nous nous adressons à la presse, à l'opinion publique, moins parce que nous avons besoin de leurs concours que parce que nous y avons droit.

Si le droit de la défense nous trouvait seuls pour le soutenir, nous n'en remplirions que plus fermement la tâche qui nous est imposée. Nous donnerons l'exemple que nous vous appelons à donner dès aujourd'hui, et nous forcerons les brutales violences de nos ennemis à s'exercer autrement que par des actes qui ruinent votre indépendance, comme ils rendraient pour nous toute défense impossible et toute concession honteuse.

Agréez, messieurs, l'assurance de notre considération distinguée.

P. Pichonnier, Chilman, Landolphe, Bastien, Armand Marrast, Pornin, N. Lebon, G. Cavaignac, E. Varé, Henri Leconte, Montaxier, Cahuzac, Billon, A. Guinard, Buzelin, Mathieu, Imbert, Eugène Condre, Provost, Delacqui, Charles-Victor Caillet, Delente, Guibout, Herbert fils, Lenormant, Poirotte, F. Villain, C. Granger, N. Gueroult, H. Tassin, V. Crevat, Hubin de Guer, A. Rosières, X Sauriac, A. J. Beaumont, Vignerte, P. Fouet, Roger, Riban, Kersausie, Fournier, Mathon.

Le 4 avril, les sous-officiers de cuirassiers détenus à

l'Abbaye, comme compromis dans l'affaire de Lunéville, envoyèrent la lettre qui suit au rédacteur en chef du *Réformateur*.

« A Monsieur le rédacteur en chef du *Réformateur*.

« Monsieur,

«Nous avons dû attendre l'arrivée de ceux de nos camarades qui étaient détenus à Nancy et à Lunéville, pour publier la déclaration suivante :

« Compris dans la même accusation que les prévenus de Paris et de Lyon, partageant toutes leurs sympathies, notre accord a été unanime sur la manière dont nous devions soutenir notre cause en présence du pays.

« La décision inique de M. le président Pasquier ne devant influer en rien sur nos résolutions, nous sommes déterminés à repousser les défenseurs nommés d'office, à renoncer à toute défense si nous ne pouvons la confier à des avocats ou à des conseils de notre choix.

« Agréez, M. le rédacteur, l'assurance de notre considération distinguée.

« Les sous-officiers de cuirassiers détenus à l'Abbaye,
Thomas, H. Régnier, Caillié Emile,
Lapotaire, Parolet, Geslin Bernard,
Tricotel, Stiller. »

LISTE DÉFINITIVE

DES DÉFENSEURS CHOISIS PAR LE COMITÉ DE DÉFENSE DES PRÉVENUS D'AVRIL.

Paris. — MM. Arago (Etienne), Audry-de-Puyraveau, Barbès, Bastide (Jules), Baud, Bergeron, Bernard (Jules), Bernard (Martin), Blanqui, Bouquin (Simon), Boussi, Briquet, Buonarotti, Carnot, Carrel (Armand), Caunes, Caylus, Chamaillard, Charton, Chas, Comte (Auguste), Desjardins, Dolley, Dufraisse (Marc), Dupont, Dussart, Fabas (Théodore), Fenet, Franque,

Floccon, (Ferdinand), Fortoul (Hippolyte), Froussart, Garnier Pagès, Girard (Fulgence), Hadot-Desages, La Mennais (F. de), Landon, Landrin, Latrade, Lebreton (Emile), Ledru (Charles), Ledru-Rollin, Legendre, Leroux (Pierre), L'héritier (Eugène), Marie, Morand, Moulin, Naintré (Ludovic), Plocque, Raspail, Reynaud (Jean), Rodières, Rouet, Saunières, Savary, Sterlin, Teste (Charles), Thibeaudeau, Thomas, Vervoort, Vignerte (Benjamin), Virmaître, Voyer-d'Argenson.

Départemens. — MM. Aiguebelles, d'Auch; Bidault, de Saint-Amand; Bouchotte, de Metz; Bouveron-Desplaces, de Valence; Caillé, de Poitiers; Chanay, de Lyon; Charassin, de Lyon; Copens, de Beaune; Coralli, de Limoges; Corbière, de Perpignan; Couture, d'Amiens; Crépu, de Grenoble; David, de Poitiers; Dedouis, de Coutances; Degeorge, d'Arras; Delamarre, de Dieppe; Demai, de Dijon, officier; Dornez, de Metz; Duc, de Romans; Duteil, de La Châtre; Farconnet, de Grenoble; Jules Favre, de Lyon; Femy, de Lille; J.-J. Fortoul, de Marseille; Gadon, de Guéret; Giffard, de Tarbes; Girard, de Nevers; Guichené, de Bayonne; Hauterive, de Lille; Imberdès, d'Ambert; Joly, de Carcassonne; James-Demontry, de Dijon; Kauffmann, de Lyon; Laflise, de Nancy; Laissac, de Montpellier; Lamier, de Guéret; Laurent, de Grenoble; Leduc, d'Arras; Lereuil, de Semur; Jules Leroux, de Marseille; Lichtenberger, de Strasbourg; Achille Marrast, d'Orthès; Martin, de Strasbourg; Michel, de Bourges; Mithiviers, d'Aurillac; Pance, de Troyes; Michel-Ange Perrier, de Lyon; Pesson, de Tours; Pontois, de Poitiers; Ritier, de Moulins; Robert, d'Auxerre; Saint-Ouen, de Nancy; Saint-Romme, de Grenoble; Sénard de Rouen; Séguin, de Lyon; Sevin, du Mans; Sigaud, de Villefranche; le général Tarayre, de Rodez; Antony Thouret, de Douai; Thouvenel, de Nancy; Titot, de Colmar; Trélat, de Clermont, Trinchan, de Carcas-

sonne; Vasseur, de Grenoble; Vergers, de Dax; Voil-
quin, de Saint-Etienne; Werner, de Strasbourg; Woirhaye, de Metz.

DÉLIBÉRATION DU CONSEIL DES AVOCATS.

Le lundi, 6 avril 1835, le conseil de discipline de
l'ordre des avocats à la cour royale de Paris, s'est réuni
dans le lieu ordinaire de ses séances;

Le bâtonnier a donné lecture au conseil de diverses
lettres qui lui ont été écrites par plusieurs avocats nommés d'office pour la défense des accusés dont le procès
s'instruit devant la cour des pairs; lettres par lesquelles
les avocats réclament l'avis d'un conseil sur la conduite
qu'ils ont tenue jusqu'à ce jour, et sur celle qu'ils doivent tenir d'après l'ordonnance du 25 mars dernier;

Après en avoir délibéré, le conseil a arrêté les dispositions suivantes :

« En principe, il est incontestable que les avocats
institués devant les juridictions ordinaires ne peuvent
être contraints d'exercer leur ministère devant les juridictions exceptionnelles; la cour royale de Douai et la
cour de cassation ont consacré ce principe par deux arrêts des 29 mars 1824 et 13 juillet 1825.

« Mais c'est un principe non moins certain et d'un
ordre encore plus élevé qu'un accusé ne doit pas rester
sans défenseur. Lors donc qu'un avocat est désigné d'office pour défendre un accusé devant une juridiction exceptionnelle, ce n'est pas pour lui une *obligation
légale*, mais *c'est un devoir moral* d'accepter la mission qui lui est déférée, quelque soit le tribunal qui la
lui donne; il doit ne considérer alors que les droits du
malheur, et trouver son mandat dans le caractère et
dans les règles de sa profession. Ainsi, lorsque M. le
président de la cour des pairs a appelé plusieurs avocats
du barreau de Paris à défendre d'office les accusés traduits devant cette cour; les avocats désignés auraient

eu sans doute le droit strict de refuser un tel mandat.

« Quelles que soient, en effet, les attributions que la Charte confère à la cour des pairs, elle n'en est pas moins une juridiction exceptionnelle. Le pouvoir lui-même l'a si bien compris qu'il a cru nécessaire de faire une ordonnance pour étendre à cette juridiction les principes du droit commun, qui, dans l'absence d'une telle disposition, ne lui aurait pas été applicable ; autrement, l'ordonnance serait une superfétation et un non-sens. Néanmoins, les avocats désignés n'ont pas hésité à accepter. Ils ont offert leur ministère aux accusés pour lesquels ils étaient réclamés ; en cela, ils ont accompli les devoirs de leur profession. Toutefois, un incident grave est venu compliquer une position simple et honorable. Les accusés ont repoussé les services qui leur étaient offerts ; ils ont fait plus, ils ont déclaré qu'ils se refusaient à toutes communications personnelles et à toute remise de pièces ; ils ont ajouté qu'ils regarderaient une défense présentée contre leur gré comme un acte opposé à leurs véritables intérêts, dont ils doivent rester seuls juges. Dès lors, il devenait impossible aux défenseurs de s'imposer à ceux qui ne les acceptaient pas, sans blesser les règles même de la défense, et sans manquer tout à la fois à ce qu'ils devaient à leur dignité personnelle et à tout ce que commandait la position des accusés.

« Nulle puissance humaine ne pouvait raisonnablement les contraindre à une défense qui trouvait de tels obstacles. Le devoir moral des avocats était accompli ; ils ont dû s'abstenir, et le conseil ne peut encore qu'approuver leur conduite à cet égard.

« Mais l'ordonnance survenue depuis a-t-elle changé leur position ? Nullement.

« En effet, s'il faut s'expliquer sur la légalité de cette ordonnance, le conseil n'hésite pas à dire qu'elle dépasse les droits du pouvoir réglementaire.

« Vainement on objecterait que la loi du 22 ventôse an XII, en déclarant qu'il y aurait des avocats attachés aux cours et tribunaux, a réservé au pouvoir exécutif la faculté de pourvoir, par des règlemens d'administration publique, à la formation des tableaux et à la discipline du barreau.

« Cette réserve doit s'entendre seulement en ce sens que l'on peut régler par ordonnance les droits et les devoirs des avocats auprès des diverses juridictions auxquelles ils sont attachés, mais jamais en ce sens qu'on peut les forcer d'exercer leur ministère devant une autre juridiction que celle qu'ils ont acceptée, et surtout devant une juridiction exceptionnelle, à laquelle aucun lien légal ne les rattache.

« Il y aurait encore illégalité en ce que l'on transporte, par voie de simple ordonnance, à une juridiction d'exception, des dispositions réglementaires du droit de la défense, qu'on a cru ne pouvoir établir que par l'intervention de la puissance législative, mais devant les juridictions ordinaires et communes.

« Le conseil ne parle pas de la menace que semble recéler l'article 3, et de l'extension qu'il donne à des dispositions pénales qui ne sont pas dans la loi, mais seulement dans l'ordonnance du 20 novembre 1822, destinée à régler les rapports des avocats avec les cours et tribunaux près lesquels ils exercent; aucune préoccupation personnelle, aucun sentiment de crainte ne doit présider aux résolutions à prendre.

« Ainsi la position des avocats désignés par le président de la cour des pairs, est, depuis l'ordonnance, ce qu'elle était auparavant; la conduite qu'ils ont tenue est la règle de celle qu'ils ont à tenir.

« Sans se préoccuper de l'illégalité de l'ordonnance, sans examiner si le mandat qui leur est donné est obligatoire, ils doivent persister à déclarer qu'un appel à leur humanité, à leur zèle pour la défense, à l'accomplissement des devoirs de leur profession ne leur sera jamais adressé en vain ; que toujours, si les accusés y consentent, ou rétractent leur refus, ils seront prêts à payer leur tribut au malheur.

«Mais si les accusés persistent dans leur résistance, il est impossible d'engager avec eux une lutte sans convenance et sans dignité.

« Dans ces circonstances, le conseil , procédant par forme de simple avis, estime que le parti le plus convenable à prendre par les avocats, est de s'assurer des dispositions des accusés, et, en cas de refus, d'écrire à M. le Président de la cour des pairs , qu'ils se seraient empressés d'accepter la mission qui leur a été déférée ; mais que la résolution des accusés leur fait un devoir de s'abstenir. »

(Suivent les signatures.)

Cet acte de résistance si honorable pour le barreau de Paris produisit dans le public une impression profonde et causa aux hommes du gouvernement un déplaisir dont les suites ne se firent pas long-temps attendre.

Pendant que la presse patriote se réjouissait de cet événement et adressait ses félicitations aux signataires de l'arrêté, le ministre Persil appelait au secours de son ordonnance MM. Bastard, Decazes, Portalis, Girod (de l'Ain), Franck Carré, Martin (du Nord), Plougoulm, etc., toutes les lumières enfin de la magistrature et du parquet.

On n'invoqua pas en vain les foudres de M. Martin (du Nord) : Ce fidèle champion s'empressa de formuler le réquisitoire dont nous donnons la copie.

Réquisitoire du procureur-général contre l'arrêté du conseil de discipline du barreau de Paris :

Le procureur-général du roi près la cour expose que le 6 de ce mois le conseil de discipline de l'ordre des avocats a pris l'arrêté suivant:

(Suit la teneur de l'arrêté).

« L'arrêté du conseil de discipline déclare le droit des avocats nommés d'office par M. le président de la cour des pairs, de s'abstenir, si les accusés refusent leur ministère. A cet égard, l'arrêté n'est d'aucune utilité. Ce droit existe pour les avocats nommés d'office aux cours d'assises, personne n'a jamais eu le projet de le dénier au barreau devant la cour des pairs; tel n'a pas été le but de l'ordonnance du 30 mars. Lorsque, pour dissiper les doutes qui s'étaient élevés dans quelques esprits, elle a assimilé les avocats appelés devant la cour des pairs aux avocats devant les cours d'assises, l'ordonnance leur a accordé les mêmes droits, et n'a pas entendu leur imposer des obligations plus rigoureuses.

« Mais cet arrêté a dû sous d'autres rapports, éveiller toute l'attention du ministère public. Le soussigné est infiniment convaincu que les doctrines sur lesquelles s'appuie le conseil de discipline constituent une grave atteinte au principe de notre droit constitutionnel. D'une part, en effet, l'arrêté déclare illégale une ordonnance royale délibérée en conseil d'état, en exécution d'une loi formelle; d'autre part, il signale comme exceptionnelle la plus haute de toutes les juridictions, une juridiction que la Charte a reconnue et consacrée.

« Les attributions des conseils de discipline sont déterminées d'une manière précise : ils doivent s'y renfermer avec soin ; et comme rien n'autorisait le conseil de discipline de Paris à proclamer, soit par voie de protesta-

4

tion, soit par simple avis, les principes énoncés dans l'arrêté du 6 de ce mois, cet arrêté constitue un évident excès de pouvoir dont il est du devoir du soussigné de poursuivre la répression.

« A ces causes, le procureur-général requiert qu'il plaise à M. le premier président réunir toutes les chambres de la cour en assemblée générale au jour qu'il lui plaira indiquer, jour auquel le procureur-général fera citer M. Philippe Dupin, en sa qualité de bâtonnier de l'ordre, pour voir déclarer que l'arrêté ci-dessus sera annulé par la cour et considéré comme non avenu.

« Fait au parquet de la cour royale, le 9 avril 1835.
        « Le procureur-général,   MARTIN. »

Conformément a ce réquisitoire, M. le premier président convoqua toutes les chambres de la cour pour le lundi 13 avril, onze heures et demie, et en vertu de l'ordonnance de M. le premier président, M. Philippe Dudin, bâtonnier de l'ordre des avocats près la cour royale de Paris, fut cité, au jour indiqué, devant les chambres assemblées.

ARRÊT

DE LA COUR ROYALE DE PARIS

(Chambres réunies).

Présidence de M. Deherain, président de chambre.

Le 13 avril, à midi, les chambres de la cour se sont réunies à huis clos pour connaître des poursuites dirigées par le procureur-général Martin (du Nord), contre le conseil de discipline du barreau de Paris. La cour était composée de tous les conseillers: M. Séguier et M. Lepoitevin, pairs de France, se sont abstenus. M. Martin (du Nord) était accompagné de tous ses avocats-généraux et substituts. M. Dupin était entouré de tous les membres du conseil de discipline. M. Archambault, ex-bâtonnier des avocats, a voulu, malgré son âge, protester par sa présence en faveur de ses confrères. On a remarqué MM. Odilon-Barrot et Mauguin parmi les auditeurs.

M. Martin (du Nord) a pris la parole le premier ; il a exposé en très peu de mots les argumens à l'aide desquels il croyait pouvoir soutenir son réquisitoire. M. Martin a surtout insisté sur la qualification d'*exceptionnelle*, donnée, par l'avis du conseil à la juridiction de la chambre des pairs ; mais le procureur-général a expliqué qu'il ne requérait pas de peines disciplinaires, à cause du caractère honorable des membres du conseil, et des termes modérés de la protestation qui avait été publiée par lui.

Dans une improvisation pleine de conviction et de chaleur, M. Dupin a combattu les argumens du réquisitoire. L'orateur a d'abord établi quel caractère devait être attaché à l'avis du conseil ; il a soutenu que ce n'était pas une décision pour laquelle on pût diriger des poursuites contre le conseil de discipline ; c'était un droit et même un devoir pour le conseil d'agir comme il l'a fait : c'est la conséquence de cette surveillance qui lui a été confiée par la loi.

Si le conseil n'eût pas répondu aux demandes de ses jeunes confrères, il eût été blâmable ; il n'aurait pas accompli son mandat. M. Dupin a fait remarquer à la cour qu'elle ne devait pas s'arrêter à examiner dans quel sens l'avis avait été rédigé, qu'elle devait s'arrêter à rechercher si le conseil avait usé de son droit. Il a insinué que ce qui avait si fortement choqué le ministère, ce n'était que la ligne de conduite conseillée au barreau ; « mais, a ajouté l'orateur, je suppose que le conseil se soit rassemblé, et qu'il ait, au contraire, enjoint à ses confrères d'accepter la mission que le président de la cour des pairs leur avait déférée ; je le demande, messieurs, nous aurait-on traduits à la barre de la cour ? on nous permettra d'en douter ; messieurs, nous avons une

4.

opinion toute contraire, et nous pensons qu'on aurait vu les organes salariés de la presse mettre dans la cassolette ministérielle des éloges dont les fonds secrets eussent fait les frais. »

Arrivant a la doctrine de l'avis du conseil, M. Dupin s'est saisi de la concession faite par le réquisitoire écrit de M. Martin (du Nord); il a profité habilement de ce que le procureur-général remplissant les fonctions de ministère public près la cour des pairs, avait reconnu, ce que le barreau n'avait osé espérer, que les nominations d'office n'étaient pas des missions dont on ne pût se dégager.

Il a prouvé ensuite l'illégalité de l'ordonnnance du 3o mars ; il a soutenu que la chambre des pairs était un pouvoir exceptionnel. A l'appui de cette proposition, il a cité l'autorité de plusieurs jurisconsultes, et il a démonmontré qu'on devait entendre en droit par juridiction exceptionnelle, celle à laquelle une loi spéciale attribuait la connaissance de matières spéciales. M. Dupin a ainsi montré que la cour des pairs était exceptionnelle. Il a terminé en demandant à la cour de ne pas accueillir un pareil réquisitoire, dans l'intérêt même des magistrats qu'on associerait à un blâme indigne d'elle.

M. Martin (du Nord) a sur-le-champ répliqué, et dans la nouvelle argumentation à laquelle il s'est livré, il a été obligé de reconnaître que la cour des pairs était une juridiction exceptionnelle ; mais il a dit qu'il avait dû penser que le conseil, dans son avis, considérait la cour des pairs comme illégale.

Après une réplique très remarquable de M. Dupin, le barreau est sorti de l'audience et la cour a commencé sa délibération. Il était quatre heures.

A sept heures, la cour a rendu l'arrêt qui suit :

« Considérant que la délibération du conseil de discipline de l'ordre des avocats du 6 du présent mois a pour objet de tracer, sous la forme de résolutions ou d'avis, la marche à suivre par les avocats nommés d'of-

fice pour la défense des accusés devant la cour des pairs,
et de leur indiquer la conduite qu'ils doivent tenir relativement à l'ordonnance du 30 mars dernier.

« Considérant que le conseil de discipline, chargé
spécialement de maintenir les sentimens de fidélité aux
institutions constitutionnelles, n'a pas le droit de mettre
en délibération la force obligatoire, pour les membres
de l'ordre des avocats, d'une ordonnance royale :

« Que si l'on ne peut contester aux avocats la faculté
qui appartient à tous les citoyens de se pourvoir par les
voies et dans les formes légales contre des ordonnances
qu'ils considéreraient comme inconstitutionnelles et at-
tentoires à leurs droits, le conseil de discipline ne peut
toutefois censurer ces ordonnances ni engager les avocats à s'affranchir de la soumission aux devoirs qu'elles
leur imposent;

« Considérant qu'en donnant aux avocats l'avis d'é-
crire au président de la cour des pairs que, dans un cas
donné, ils regarderaient comme un devoir de s'abstenir,
ce qui les dispenseraient de se rendre devant la cour
pour faire agréer leurs motifs d'excuse, et que d'ailleurs, en prenant une délibération collective qui sortait
du cercle de ses attributions, le conseil a évidemment
commis un excès de pouvoir :

« Déclare nulles et non avenues, la délibération du
conseil de discipline de l'ordre des avocats de la cour
royale de Paris en date du 6 avril 1835, ensemble les
résolutions qui en ont été la suite :

« Ordonne qu'à la diligence du procureur-général du
roi, le présent arrêt sera notifié au conseil de discipline
pour être annexé à sa délibération. »

La cour royale était au grand complet; il n'y man-
quaient que M. le premier président Séguier et M. Lepoitevin, qui, en qualité de membres de la chambre
des pairs, avaient cru devoir s'abstenir, plus deux conseillers retenus chez eux par indisposition. Des conseillers
députés, qui n'assistent pas ordinairement aux audiences

au-delà de midi, et qui siègent tous à la chambre sur les bancs ministériels, ont assisté à la délibération. Le plaidoyer de M. Ph. Dupin a produit une grande sensation; nonobstant la force de ses argumens, cinquante-deux voix se sont prononcées pour l'annulation de l'arrêté du conseil de discipline; onze voix seulement ont été d'avis du maintien de cet arrêté.

Lorsque M. le président Deherain eut recueilli les voix, l'un des présidens présenta à l'assemblée un projet d'arrêt préparé à l'avance, et contenant explicitement la déclaration de la légalité de l'ordonnance du 30 mars et la reconnaissance de la cour des pairs comme juridiction ordinaire. Si nous sommes bien informés, de graves débats s'élevèrent sur ces deux questions soulevées par le réquisitoire du procureur-général. Lorsqu'on passa aux voix sur la rédaction dont nous venons de parler, une très grande majorité des conseillers se prononça contre le considérant relatif à la légalité de l'ordonnance, et la presque unanimité refusa de reconnaître que la cour des pairs n'était pas une juridiction d'exception. Les présidens se retirèrent alors dans une salle séparée pour rédiger un nouveau projet d'arrêt, dont la lecture fut donnée à la cour, qui ne fut pas peu surprise d'y retrouver, d'une manière moins explicite, il est vrai, les propositions déjà repoussées par la très grande majorité. Après de nouveaux débats qui furent, dit-on, fort animés, on s'en tint à l'arrêt dont nous venons de donner le texte :

Cet arrêt ne fut pas plus tôt rendu que M. Dupin annonça qu'il avait l'intention de se pourvoir immédiatement.

L'honorable bâtonnier a, en effet, formé son pourvoi avant de partir pour le département de la Nièvre.

Nous ferons connaître à nos souscripteurs, dans une livraison subséquente, la décision solennelle de la cour suprême.

Sans vouloir rien préjuger sur l'arrêt à intervenir, nous pouvons toutefois, et sans que cela tire à conséquence, rappeler le texte d'un arrêt rendu par la cour de cassation à propos d'un avocat de Lille chargé d'office de la défense d'un militaire et qui s'obstina à ne pas vouloir défendre cet accusé devant un tribunal militaire.

« Voici le texte de cet arrêt. La cour... considérant que la profession d'avocat impose sans doute à celui qui l'exerce, le devoir moral de défendre tout accusé, même devant les tribunaux militaires, mais qu'aucune loi ne l'oblige, en informant de son refus le tribunal militaire, de lui en faire approuver les motifs, sauf à l'avocat à les soumettre au conseil de discipline de son ordre, s'il en est requis, etc.

(Cour de cassation, 13 juillet 1825.)

NOTE STATISTIQUE

DE LA NOUVELLE SALLE DU LUXEMBOURG.

La nouvelle chambre est construite avec un soin extrême et se distingue sous ce rapport de la barraque élevée, il y a quelques années, dans le jardin du Palais-Bourbon, par suite des appréhensions que le mauvais état de la toiture de l'ancienne salle avait fait naître. Le terrain usurpé sur le jardin du Luxembourg est de 40 pieds de profondeur et de 55 pieds de largeur entre les deux pavillons; telle est la dimension de la chambre qui a 40 pieds environ d'élévation et qui correspond avec le local actuel des séances. Le rez-de chaussée se compose de huit ou dix pièces de service et d'un corps de garde qui pourra recevoir 200 soldats.

La salle d'audience est au premier étage. On y arrive par quatre escaliers, dont deux ouverts sur le jardin occupent un espace pris sur la salle même, ce qui forme deux angles saillans d'un assez mauvais effet. Les accusés et les témoins tourneront le dos au jardin ; MM. les pairs, faisant face aux accusés, seront adossés à l'ancienne façade qui a été recouverte de boiseries, et à laquelle d'ailleurs on n'a pas touché. La porte principale donnant précédemment sur le jardin est celle par où MM. les pairs arriveront. La petite table du président est placée au milieu des bancs de la pairie, et tout près de la porte d'entrée, de sorte que la vue de M. Pasquier pourra plonger perspectivement dans l'avenue de l'Observatoire.

La loge ou tribune des accusés est disposée pour recevoir 200 personnes, c'est-à-dire 120 prévenus et 80 gendarmes. A leur droite sont des banquettes pour 100 témoins à charge ; à leur gauche il y a place pour 100 témoins à décharge.

Trente-six bancs commodément espacés pourront recevoir 200 pairs. Il n'y a qu'un rang de tribunes ; elles correspondent au second étage de l'édifice, et par conséquent au premier étage de la salle. Au-dessus des témoins à charge et à décharge, il y a 200 places abandonnées au public non pourvu de billets. Soixante places sont réservées aux journalistes. Restent 240 places divisées en 10 loges, dont une appartiendra au corps diplomatique, une autre à MM. les députés.

Tout est donc prêt, sauf que jusqu'à présent aucuns préparatifs ne témoignent de la présence des avocats ; nous ne voyons de place possible pour eux que l'espèce de terrain neutre, en ce moment tout à fait vacant, entre les accusés et les juges. En admettant une soixantaine de défenseurs en robes, et pourvus de tables, il ne restera plus aucun espace libre pour la circulation.

Alors douze cents personnes à peu près seront assises sous ce toit léger recouvert en zinc ; le soleil leur sera d'autant plus importun que la façade est percée de six larges et hautes fenêtres, indépendamment des six croisées latérales, ce qui verse dans la salle une éclatante lumière. Des rideaux bien frais, des draperies riches, des tentures d'une étoffe à fleurs donnent un air de coquetterie à l'ensemble de cette décoration, brillante d'ailleurs de dorures. Le plafond travaillé en boiseries ciselées dans un style demi-gothique, ajoute à la gaîté de l'aspect général. C'est un grand et beau salon, ou si l'on veut une jolie salle de spectacle ; mais rien de tout cela ne se ressent de la sévérité d'une enceinte judiciaire. MM. les gens du roi auront peine, sous ces élégans lambris, à donner à leur voix la sombre majesté que leur ministère réclame. Du reste, pour éviter les distractions et les émotions, aucune dame ne sera admise.

Les deux angles attenant à l'ancienne façade ont été coupés de manière à réserver deux petites cours pour le service des pompes à incendie. Quant à l'extérieur des constructions sur le jardin, elles sont la reproduction fidèle de l'architecture qui règne sur toutes les faces du monument. Les colonnes de plâtre, les moulures de plâtre, les statues de plâtre, ont à distance un certain caractère de solidité et de durée. Ce sont les quatre Saisons qui sont debout en avant du cadran, elles peuvent indiquer à volonté ou que le procès dure depuis une année, ou qu'il pourra bien durer une année encore.

Nous nous bornons à indiquer ici les principales dispositions du bâtiment provisoire qui vient d'être exécuté au Luxembourg. Si nous avions à l'examiner sous le rapport de l'art et comme construction définitive, nous dirions que c'est là une des plus grandes monstruosités artistiques de notre époque. Il n'est pas besoin d'être architecte pour juger du mauvais effet de cette addition. Toute personne qui a fait le tour du palais a remarqué qu'il se compose de six gros pavillons liés entre eux par des galeries plus ou moins étendues, mais toutes élevées en retraite. Celle qui fait face au jardin est la seule qui soit en saillie et qui, par conséquent rompe l'uniformité et la symétrie si bien observée dans le plan primitif et si religieusement respectée dans tous les travaux postérieurs. Ce défaut d'équilibre dans l'ensemble de l'édifice est bien plus choquant encore par la disproportion du nouveau bâtiment avec ses deux ailes. Il les masque en partie ou en totalité, suivant le point de perspective où le spectateur est placé. Si l'on regarde du centre, les pavillons qui sont en arrière-corps diminuent de moitié, à cause de la projection de l'angle de l'avant-corps; si l'on regarde de l'une ou de l'autre terrasse, l'un des deux pavillons disparaît complétement, en sorte que la façade ne présente plus qu'un monument imparfait.

Le comble du bâtiment additionnel est tout à fait disproportionné aussi avec les combles des pavillons latéraux. Puisqu'il présente par son épaisseur une masse beaucoup plus solide que celle de ses deux ailes, il devait les dominer par sa hauteur; c'est là une condition qu'exige le simple bon sens. Mais il paraît que dans l'élévation de ce bâtiment, pas plus que dans sa destination spéciale, les règles du bon sens n'ont été consultées.

Une annexe essentielle de la salle d'audience, c'est la prison, ici plus de dorures ni d'étoffes coûteuses; de l'air et de la lumière, voilà à peu près tout ce dont les accusés seront appelés à jouir. On a tiré parti, avec un grand luxe de précautions, de la caserne de la rue Vaugirard. Un couloir en planches conduira chaque jour les accusés à l'audience, et il n'y aura qu'une portion peu considérable du jardin interdite aux promeneurs. La principale distribution de la prison a consisté à établir trois divisions parfaitement distinctes pour les prévenus de Paris, de Lyon et de Lunéville; ces trois divisions ont chacune leurs cellules pour deux ou pour quatre habitans, et leur préau d'à peu près quatre-vingts pieds carrés. Un guichet central et un chemin de ronde donnent accès aux trois préaux à la fois. Un vaste emplacement pour la cavalerie domine toutes ces constructions, et en outre l'ancienne église qui touche au petit Luxembourg est disposée pour recevoir un bataillon tout entier de troupes de ligne.

La dépense présumée de cette monstrueuse construction excède, dit-on, de 500,000 francs le crédit alloué par la chambre.

Il n'est pas possible d'admettre qu'on abattra, après le procès, un bâtiment élevé à tant de frais. — Il est plus naturel de supposer que, comme l'Opéra, le théâtre de la Porte-Saint-Martin et le théâtre provisoire de Lyon, il survivra à sa destination première.

Que de réflexions pénibles et sévères ne fait-on pas en songeant aux vicissitudes politiques !....

Comme la poitrine se gonfle, quand on se rappelle que c'est là, dans ce palais, sous ces voûtes ténébreuses, que le premier soldat des temps modernes fut trouvé coupable pour avoir préféré le courage à la lâcheté, l'honneur à l'infamie, la reconnaissance à l'ingratitude, la gloire à l'indolence, son frère d'armes à l'homme de Coblentz !...

C'est ici qu'on a condamné les ministres d'un roi parjure ! — Et c'est encore ici qu'on va juger ceux !.......

O ! væ victis, væ victoribus !

Nous voilà enfin arrivés à la représentation du drame si péniblement et si chèrement élaboré avec une persévérance si acharnée.

Nous allons bientôt entendre le langage acerbe de l'accusation, et la voix forte et rude de la défense.

Quel bizarre assemblage que celui où toutes les opinions pourront se heurter sans se briser et dans lequel les corps les plus opposés vont se trouver en contact!

Que de champions qui vont descendre dans l'arène avec des armes différentes! Quels combattans! — l'élite de la France. Quels spectateurs! — l'Europe entière, intéressée au résultat de la lutte morale qui va s'engager entre le principe monarchique et le principe républicain. Les deux partis sont en présence. — Le pays jugera : — Son arrêt sera plus solennel que celui de la cour des pairs.

Avant de passer à la première audience du procès qu'on a si justement qualifié de *Procès monstre,* nous devons à nos lecteurs la confidence des tribulations que nous avons éprouvées de la part du pouvoir sous lequel la France a le bonheur de vivre.

M. Perrin, notre éditeur, s'était mis en mesure de publier le procès d'avril par livraisons. — La première devait paraître le 5 mai, et les autres auraient paru, successivement, jusqu'à la fin du procès. — M. Perrin lança son prospectus et opéra de manière à pouvoir faire paraître le 5, sa première livraison.—Il fit, à cet effet, des frais considérables, et, au moment où il allait atteindre le but qu'il s'était proposé, il fut tout à coup arrêté dans son entreprise par la prétention qu'éleva la poste, relativement au timbre. — Il fallut donc, pour ce motif, renoncer au mode de publication qu'on avait adopté, et faire le sacrifice des frais de la première livraison faite. On imagina alors un autre moyen de publication, et nous nous réunîmes à deux de nos amis pour faire paraître, le soir et quotidiennement, le compte-rendu des séances de la cour des pairs, sur une demi-feuille que nous voulions faire vendre dans les rues. — Avant d'exécuter ce projet, on voulut savoir de la police si elle ne s'opposerait pas à la vente publique de notre compte-rendu. — La police répondit que la voie publique lui appartenait et qu'elle ne souffrirait pas qu'on vendît sur son terrain des écrits de quelque nature qu'ils fussent.

Et le lendemain, les crieurs de la police vendaient, dans les rues, *des feuilles non timbrées*, contenant un compte-rendu des séances de la cour des pairs.

Et nous avons fait une révolution pour avoir la liberté de la presse !....

Cette nouvelle entrave ne nous découragea pas, et, quoiqu'elle dérangeât beaucoup nos combinaisons, nous résolûmes de publier le procès par brochures, afin d'éviter les exigeances du fisc.

C'est ce que nous avons fait. Celle que nous offrons à nos souscripteurs sera suivie d'une seconde partie qui contiendra la fin du procès.

M. Perrin n'ayant pu obtenir, de MM. Decazes et Pasquier, aucune réponse aux lettres qu'il leur a écrites en demande d'une carte d'entrée, nous n'avons pu assister, qu'à de rares intervalles, aux premières séances de la cour des pairs. Ayant été empêchés de recueillir entièrement ce qui s'est passé dans ces séances, nous craindrions de les reproduire inexactement ; c'est pourquoi nous empruntons à un journal qui en a rendu compte, le récit remarquable qu'il en a fait. — Nous laisserons donc parler le *Messager*, nous réservant de faire part à nos lecteurs des réflexions que nous ont suggérées les incidens et la physionomie des débats.

Audience du 5 mai.

L'ouverture de ce procès extraordinaire causait ce matin une grande agitation dans tous les abords du Luxembourg. Il n'y avait pas un grand déploiement militaire à l'extérieur, mais il était facile de remarquer une inquiétude générale dans le quartier. Les mesures d'ordre étaient mal prises à toutes les portes du palais. La garde municipale, qui est arrivée fort tard sur les lieux, a failli causer des accidens, et M. Arago le député, qui est au nombre des témoins à décharge, s'est trouvé violemment refoulé par un cheval.

A l'intérieur, l'orangerie a été transformée en caserne. Un petit camp a été dressé dans le parterre. On n'y compte pas moins de dix-huit tentes.

A onze heures les portes ont été ouvertes.

L'aspect de la salle a quelque chose de sévère ; les boiseries sont toutes en chêne, ou du moins peintes de cette couleur. Quelques parties de mur imitent le marbre, mais d'une couleur brun-jaune. Des filets d'or courent çà et là. Pour la décoration on n'a employé que le drap vert ; mais on l'a aussi marié à l'or pour les siéges des juges, pour les bureaux du président et du ministère public. Les juges ont chacun leur fauteuil.

Une balustrade en chêne sépare le banc destiné au barreau de l'enceinte où siégent les juges.

Les accusés sont en arrière. Leurs bancs étaient d'abord

BEAUNE.

sans dossiers, on en a ajouté depuis. A droite et à gauche sont deux grands panneaux de menuiserie qui cachent sans doute un supplément de force armée.

Derrière MM. les pairs, au rez-de-chaussée, sont des tribunes tout à fait réservées, fermées par des rideaux verts.

Les tribunes supérieures sont dépourvues de cet ornement.

Ajoutons pour ce qui regarde la presse, que les condescendances de M. Thiers pour nous ne savons quelles curiosités de cour, ont mis à l'étroit les journalistes, et que cette circonstance compromet les intérêts de la publicité. A notre entrée les tribunes étaient déjà garnies. La salle est complétement vide, les huissiers seuls sont à leur poste. Bientôt des deux côtés entrent des gardes municipaux qui se placent en avant des bancs réservés aux témoins. Les témoins à charge sont introduits les premiers. Ils occupent les bancs qui se trouvent à la gauche de l'enceinte centrale réservée aux accusés. Les témoins à décharge entrent ensuite. Enfin paraissent les accusés; ils sont entremêlés de gardes municipaux : il y a un garde municipal pour deux accusés. Nous ferons remarquer qu'ordinairement la garde des accusés devant les cours d'assises est confiée à la gendarmerie de la Seine. La cour des pairs a préféré la garde municipale de Paris ou comme étant un corps plus distingué, ou comme plus dévoué. A mesure que les accusés sont introduits, un officier de la garde municipale fait un appel nominal et fait placer les accusés par catégories.

Les accusés présens prennent place dans l'ordre suivant :

LYON.

Girard (Antoine), Carrier, Poulard, Beaune, Martin, Albert, Hugon, Morel, Ravachol, Lagrange, Tourrès, Caussidière (Jean), Arnaud, Laporte, Lange, Villiard, Bille (Pierre), Boyet, Chatagnier, Julien, Mercier, Gavet, Genets, Marigné, Corréa, Didier, Roux, Pradel.

Bérard, Rokzinski, Ratignié, Butet, Charmy, Charles, Mazoyer, Chery, Cachot, Thion, Bertholat, Cochet, Blanc, Jobely, Mollard-Lefèvre, Despinas, Noir, Marcadier, Margot, Dibier, Huguet, Guichard, Reverchon (Marc-Etienne), Drigeard-Desgarniers, Girard (Jules-Auguste), Lafond, Raggio, Desvoys. Chagny, Benoît-Catin, Adam.

SAINT-ÉTIENNE.

Tiphaine, Caussidière (Marc), Nicot, Rossary, Reverchon (Pierre).

GRENOBLE.

Riban.

ARBOIS.

Froideveaux.

BESANÇON.

Gilbert, se disant Miran.

MARSEILLE.

Imbert, Maillefer.

PARIS.

Cavaignac, Berrier-Fontaine, Beaumont, Vignerte, Lebon, Guinard, Recurt, Delente, Guillard de Kersausie, Herbert, Chilman, Pornin, Rosières, Poirotte.

Delayen, Leconte, Lenormant, Crevat, Landolphe, Tassin, Candre, Fournier, Sauriac, Pichonnier, Hubin de Guer, Guibout, Montaxier, Marrast, Bastien, Roger, Gueroult, Fouet, Granger, Villain, Billon, Delacquis, Caillet, Provost, Buzelin, Varé, Cahuzac, Mathon.

LUNÉVILLE.

Thomas, Stilier, Tricotel, Caillié, de Régnier, Farolet, Bernard, Lapotaire, Béchet.

ÉPINAL.

Mathieu.

Cependant les bancs des accusés se complètent, les prévenus de Paris sont introduits et prennent place. Les accusés de Lyon les regardent avec curiosité et paraissent désirer faire connaissance avec leurs amis. Chaque catégorie d'accusés a adopté un signe distinctif particulier. Les prévenus de Paris ont tous une casquette avec gourmette d'argent et portent la cocarde tricolore de 90.

N'oublions pas de dire que dans une tribune de rez-de-chaussée apparaît la figure pâle de M. Guizot, qui semble se cacher derrière le rideau de sa loge. M. Duchâtel est à côté de lui.

Plus tard arrivent M. de Broglie et M. de Rigny. Ces messieurs paraissent fort gais. M. le président du conseil est radieux et souriant.

Préliminaires des débats.

A une heure et demie, on annonce la cour ; aucun accusé ne se lève. MM. les pairs sont introduits, ils sont en habit brodé avec l'épée. M. Barbé-Marbois est en robe de chambre et se fait porter à bras. Nous remarquons que M. le président n'a point son garde-vue.

Le parquet prend séance à droite du président, en robes rouges. Il est composé de MM. Martin (du Nord), procureur-général; Chegaray, Plougoulm, Franck-Carré et Latournelle, substituts.

A ce moment, nous comptons sept défenseurs présens au banc des avocats.

M. Pasquier, président. — On va faire l'appel nominal pour constater le nombre des juges présens.

Un des secrétaires fait l'appel et marque les absens; ce sont :

MM. de Grammont, de Valentinois, de Talleyrand, de Broglie, Maillé, Destutt de Tracy, de Montbadon, Vaubois, Maison, Brissac, Aligre, Boissy du Coudray, Bellune, Castellane, Compans, Durfort, Biron, Louvois, Mun, Talaru, Vérac, Morel de Vindé, Lynch, Osmond, Sabran, Choiseul-Gouffier, Raymond de Bérenger, Catelan, Dampierre, Pontécoulant, Pelet (de la Lozère), d'Angosse, Moncey, Valmy, Roy, Bordesoulle, Puységur, Chabrol, Emmery, Courtarvel, Breteuil, Laîné, d'Ambrugeac, Brancas, du Cayla, Lanjuinais, Chabrillan, Lauriston, Brézé, Soult, Sesmaisons, Richelieu, Barthélemy, Duperré, Boisgelin, Lepoitevin, d'Aubusson, Lafeuillade, Lagrange, Cafarelly, d'Erlon, Excelmans, Français (de Nantes), Saint-Sulpice, Allent, Emeriau, Roussin, de Sercey, Grouchy, Grenier, Canson, Gérard, de Preissac, Duchâtel, Bailliot, Saint-Aignan, Cassaignolles, Gasparin, Bernard, Saint-Simon.

Nous garantissons l'exactitude de cette liste, attendu qu'après l'appel le secrétaire a recommencé la lecture des noms des absens. La salle est fort sourde, et il était difficile d'entendre les pairs qui répondaient présent.

A l'appel de son nom, M. de Lascours demande à être autorisé à faire une déclaration à la cour. M. le président autorise M. de Lascours à s'expliquer.

M. de Lascours. — Je dois déclarer à la chambre qu'avant-hier j'ai reçu, à la requête de M. Marrast, accusé, une assignation pour avoir à comparaître comme témoin. J'ai soigneusement, scrupuleusement rappelé mes souvenirs, et je n'y ai rien trouvé qui pût me mettre à même de rien déposer dans l'intérêt de M. Marrast ou de tout autre accusé. J'ai donc cru ne pas devoir obtempérer à l'assignation et ne pas me déposer de ma qualité de juge, pour comparaître comme témoin.

Lorsque M. le maréchal Lobau a été appelé, il a demandé à présenter également une explication analogue à celle de M. de Lascours. Assigné comme témoin par M. Guinard, qu'il ne connaît pas, il ne croit pas devoir déférer à cette demande, qu'il ne peut satisfaire, et il persiste à demeurer juge.

M. le président. — Accusés, quels sont vos noms

et prénoms, professions, lieux de naissance, etc. ?

Les accusés, en commençant par la catégorie de Lyon, répondent aux questions qui leur sont faites ; plusieurs joignent à l'énonciation de leurs noms celle du défenseur qu'ils ont choisi. C'est ici que nous éleverons de nouvelles plaintes contre les places affectées aux rédacteurs de journaux: on n'entend ni ne voit le président ; il faut littéralement que les accusés crient pour que leurs voix arrivent jusqu'à nous, et ce n'est pas sans peine qu'on parvient à écrire le peu que l'on recueille.

Parmi les noms des personnes désignées par les accusés comme défenseurs, nous distinguons pourtant MM. Tarayre, Voyer-d'Argenson, Carnot, Leroux, Cormenin, Bruckère, Legendre, Lebeau, Buchez, Armand Carrel.

Plusieurs accusés se plaignent d'être depuis quinze mois dans les prisons du gouvernement. L'accusé Rockinski, Polonais, ne pouvant répondre, un de ses collègues prend la parole pour lui et déclare qu'on l'a arrêté comme il était à Lyon, revenant de Constantinople.

M. de Chegaray, substitut. — Cet accusé est étranger. Nous demandons pour lui un interprète.

L'accusé Noir déclare être ecclésiastique, âgé de vingt-huit ans, domicilié au Moulin-à-Vent, près Lyon. J'ai, ajoute-t-il, choisi pour avocat M. Benoist, de Versailles ; et, attendu qu'il surviendra dans le procès certaines questions particulières à ma robe, je choisis pour conseil M. l'abbé de La Mennais.

Après les accusés de Lyon, viennent ceux de Saint-Etienne, de l'Isère, etc.

On passe à la catégorie de Paris.

L'accusé Cavaignac refuse de dire son nom jusqu'à ce que la question des défenseurs soit vidée.

Tous les accusés de Paris font entendre le même refus, basé sur les mêmes motifs. Quelques-uns ne répondent pas du tout. Leur présence est seulement constatée par un huissier.

Les accusés de Lunéville refusent également de répondre à l'appel de leurs noms.

M. le président. — Je rappelle à MM. les avocats qu'ils doivent s'exprimer avec décence et modération, et qu'ils ne doivent rien dire de contraire aux lois.

M. Baune, accusé de Lyon. — Je demande la parole.

Je vous demande de faire entrer dans cette enceinte nos femmes, nos sœurs et nos mères. Il est impossible qu'il en soit autrement. Dans tous les procès politiques de la révolution, il a toujours été fait droit à de semblables demandes. Ici le privilége du rang et de la naissance doit s'effacer devant le privilége du malheur et de la souffrance. Dans le nombre des tribunes privilégiées, ne pourrait-il y en avoir une réservée pour les parens des accusés? Pour moi, je demande formellement que ma femme qui a fait cent quatre-vingts lieues pour assister aux débats, soit admise à l'audience.

Je déclare en son nom que jusqu'à ce qu'il soit fait droit à cette demande, elle sera tous les jours sur le seuil de votre palais pour protester par sa présence contre un déni de justice. Nous espérons qu'il n'en sera pas ainsi, et nous attendons une réponse favorable de l'impartialité de nos juges ou de la générosité de nos ennemis.

M. le président. — Cette demande est un hors-d'œuvre. Il y a une décision prise pour que les femmes ne soient pas admises dans cette enceinte, et la cour n'a pas à délibérer sur cet objet.

M. Baune demande que la cour soit appelée à en délibérer.

Plusieurs des accusés appuient la demande de leur co-accusé.

M. Martin du Nord. — Il s'agit d'une mesure de police, que l'ordre du débat rend nécessaire. La cour n'a pas à en délibérer.

M. Baune dit qu'il ne traitera pas cette question à fond pour le moment et qu'elle se reproduira lorsque les défenseurs seront introduits.

M. Cavaignac. — Pour moi, je ne suis pas accusé tant que mon défenseur ne sera pas ré sent. Je ne répondrai pas.

M. Martin (du Nord) vivement. — L'accusé n'a pas la parole. Nous prions la cour de lui refuser la parole jusqu'à ce qu'il ait fait connaître son nom.

Ici s'élèvent de nouvelles réclamations de la part des accusés.

Un accusé de Paris. — Nous ne demandons pas seulement nos femmes et nos enfans, nous demandons nos amis pour nous défendre.

M. Martin (du Nord). — M. le président, en usant de son pouvoir discrétionnaire dans la question des défenseurs, s'est appuyé de l'article 295 du Code d'instruction criminelle, qui enjoint de prendre les défenseurs parmi les avocats ou avoués, en observant que les personnes étrangères au barreau ne pourraient être acceptées que dans le cas où le président le jugerait nécessaire. (A la cour). Messieurs, si vous avez à statuer sur la question des défenseurs, nous vous prions de maintenir la décision de votre président, attendu qu'elle est toute dans l'intérêt des accusés. Il n'a voulu introduire ici que des hommes qui savent apprécier les devoirs de la défense, et ne la compromettent pas par leur exaltation. Nous pensons donc, Messieurs, qu'il y a lieu à ne point faire droit à la demande des accusés en ce qui touche les défenseurs non avocats.

L'accusé Martin Maillefer, rédacteur du *Peuple souverain*. — Nous ne voulons pas qu'on nous accuse d'avoir voulu introduire ici des opinions incandescentes. En conséquence, nous avons fait choix de treize noms sur lesquels je pense que la cour n'aura rien a dire ; les voici : MM. La Mennais, Cormenin, Carel, Voyer d'Argenson, A. Puyraveau, Tarayre, Reymard, Roux,

Carnot, Legendre, Trélat, Raspail et Bouchotte.

Un accusé. — Le ministère public a prononcé un réquisitoire. Nous demandons que l'avocat Saint-Rome soit introduit pour discuter la question des défenseurs.

M. Cavaignac. — Au nom des accusés de Paris, je déclare que nous n'entendons pas que cette question soit plaidée.

M. le procureur-général. — Si les avocats des accusés ne sont pas là, c'est leur faute et non la nôtre.

Un accusé de Lyon. — Nous demandons formellement que la cour statue sur les treize noms que nous avons présentés.

L'accusé Vignerte. — Les accusés de Paris s'y opposent formellement. (Tumulte dans la tribune des accusés.)

La cour se retire pour délibérer. Il est deux heures trois quarts.

Pendant que MM. les pairs sont retirés dans la salle du conseil pour délibérer, une grande partie des gardes municipaux quittent la salle. Ils ont apparemment ordre de veiller de très près sur les juges. MM. les ministres sont sortis de leur tribune, sans doute par l'impatience où ils sont d'apprendre la décision de la cour. Pendant l'interruption de la séance, M. Berryer, en robe d'avocat, vient prendre place au banc des défenseurs.

A cinq heures moins un quart, la cour rentre en séance. M. le président donne lecture de l'arrêt suivant :

« La cour, statuant sur la demande des accusés tendant à ce qu'il plaise admettre comme défenseurs les sieurs Audry de Puyraveau, Voyer d'Argenson et autres, qui ne sont inscrits au tableau ni comme avoués ni comme avocats ;

« Vu l'article 295 du Code d'instruction criminelle, ouï M. le procureur général en ses conclusions ;

« Attendu que le président de la cour a fait usage des pouvoirs qui lui sont conférés par l'article 295 du Code d'instruction criminelle ;

« Dit qu'il n'y a pas lieu à admettre la demande des accusés. »

La séance est levée, ajoute M. le président, qu'on emmène les accusés.

Les accusés en masse. — Nous protestons, c'est une infamie. (Tumulte.)

M. Baune, accusé de Lyon. — M. le président, nous demandons la faculté de communiquer librement avec les accusés de Paris et de Lunéville, nous avons besoin de nous concerter.

M. le président. — La séance est levée,

MM. les pairs quittent leurs places.

Tous les accusés, se levant. — Nous ne nous défendrons pas ; nous protestons : c'est une infamie ! (Vive agitation.)

MM. les pairs se retirent de la salle à la suite de M. le président, qui le premier a quitté son siége.

Les accusés sont emmenés ; ils font entendre en se retirant les plus énergiques protestations.

Il est 5 heures lorsque l'audience se trouve terminée.

M. le président s'est retiré sans faire savoir si l'audience était continuée à demain.

L'obstination de la cour à refuser aux accusés les défenseurs de leur choix est inouïe et barbare. Il n'y a pas, dans les fastes judiciaires, d'exemples d'une pareille tyrannie.

Chez tous les peuples, comme dans tous les temps, le droit de choisir un défenseur a été laissé à l'accusé ; si le défenseur choisi sort des bornes de la défense ou se permet un langage peu mesuré, le président du tribunal lui interdit la parole. Mais il est impossible d'admettre que la loi a confié au président un pouvoir discrétionnaire qui s'étendrait jusqu'à priver un prévenu du droit naturel de prendre pour conseil un homme possédant son amitié et sa confiance.

Quoique généralement MM. les avocats soient dignes, à tous égards, de la confiance publique, il peut arriver toutefois qu'on leur préfère des hommes étrangers au barreau, soit par conviction, soit à cause de circonstances particulières au procès.

Nous le répétons, devant aucune juridiction l'accusé ne peut-être tenu de prendre un légiste pour le défendre. Il y a violence dès qu'on l'y contraint.

Nous croyons bien faire en donnant à la suite de chaque séance des extraits de journaux sur l'affaire d'avril.

BULLETIN DU PROCÈS.

Beaucoup de personnes ignoraient encore hier que le jardin du Luxembourg serait rendu au public à l'issue de chaque audience du procès pendant devant la chambre des pairs. Il y avait cependant beaucoup plus de promeneurs que les jours précédens. Il semblait, à l'affluence et à la satisfaction visible quoique concentrée des visiteurs, qu'ils jouissaient d'être affranchis de la crainte de se voir privés, à l'ouverture de la belle saison, du seul local où la bourgeoisie, les élèves et les enfans de ce quartier peuvent prendre un exercice aussi salutaire qu'indispensable à leur santé.

Mais cette première émotion savourée, toutes les pensées étaient ramenées vers les étranges scènes de l'intérieur du palais, dont les mutilations du jardin donnent la plus déchirante idée.

Le château, précurseur des monumens élevés par Louis XIV, défiguré par de modernes Vandales; l'or de la France prodigué à la dévastation, dans un siècle qui se dit en progrès; des campemens, des bivouacs des cachots, tout l'appareil de la terreur, envahissent les dehors du palais, seules parties dont le peuple a toujours partagé la jouissance, avec les princes et les grands qui l'ont successivement habité; quel vaste champ ouvert aux plus sombres réflexions!

Aussi la stupeur était-elle visible sur toutes les figures, et comment échapper à un profond saisissement quand chaque direction de votre promenade vous conduit à un témoignage flagrant de l'existence d'une tyrannie ombrageuse! De tous côtés ce sont des corps-de-garde improvisés; ici une nouvelle caserne dans l'orangerie; derrière des cabanons à peine terminés. Là, un chemin couvert qui dérobe les victimes à toute marque d'intérêt; plus loin des tentes, et partout des argus cherchant à lire au fond des cœurs.

A voir la taciturnité, les regards effarés et la pesanteur des pas des allans et des venans, un étranger qui serait tombé inopinément au milieu de la grande allée eût pu se croire au milieu de conspirateurs, attendant le signal convenu pour éclater. Et qui produisait cette illusion? des vieillards, des bonnes et leurs marmots, car pour des étudians ordinairement si nombreux dans le jardin, hier on en voyait pas un seul.

L'obstination à poursuivre le procès déféré à l'appréciation de la pairie, ne peut provenir que d'une de ces idées fixes, qui envahissent quelquefois les meilleurs esprits. Il y a dans cette tentative tout un avenir gros de nuages et de tempêtes. Qu'on y réfléchisse.(*Messager*).

— Le nombre des pairs qui ont répondu à l'appel nominal est, d'après le *Moniteur*, de 164, et celui des absens de 79; total : 243. Le tiers nécessaire pour le jugement serait alors de 81; il faudrait donc que 84 Pairs renonçassent successivement à siéger, pour que le jugement devînt impossible. (*Messager.*)

Il a été nommé une commission de trois avocats et

de trois défenseurs non avocats pour aller conférer avec les accusés ; mais arrivés au guichet de la prison du Luxembourg , qui était déjà assiégé par les femmes et les mères des prévenus, on a refusé de les laisser péné-trer dans l'intérieur, et l'on a promis que l'entrée serait libre demain mercredi, à neuf heures du matin. Cette interdiction est réellement sans exemple dans les fastes judiciaires. On n'a jamais mis de pareilles entraves au droit naturel de la défense en matière criminelle, même dans les plus mauvais temps de la révolution.

(*Courrier français.*)

— A la sortie de l'audience, les défenseurs avocats et non-avocats se sont rendus immédiatement à la prison du Luxembourg pour accueillir le sentiment de leurs amis, et aviser en commun à une résolution pour le lendemain. La communication a été obstinément refusée jusqu'à demain neuf heures du matin.

On nous prie d'annoncer que l'impossibilité de communiquer aujourd'hui avec les accusés leurs amis a seule empêché le corps des défenseurs de publier ce soir même une protestation contre l'arrêt de la cour des pairs.

(*National.*)

— Deux femmes seulement ont été admises dans l'enceinte de la cour des pairs , et ce sont des témoins à charge.

— Un renfort d'artillerie a été , dit-on , envoyé au Luxembourg, où l'on nous assure qu'il y avait hier huit ou neuf pièces de canon. C'est un fait qu'il ne nous a pas été possible de vérifier par nous-mêmes.

— Il y a un médecin en permanence pendant les séances de la cour des pairs. Une pharmacie amplement garnie a été aussi disposée.

— On annonce que la réunion des conseils-généraux, qui d'ordinaire se rassemblent dans le mois de juin ou de juillet, sera reculée jusqu'en août ou septembre à cause de la durée du procès d'avril. Un grand nombre de pairs faisant partie de ces conseils ne pourraient s'y rendre, à cause de leurs fonctions de juges, si les conseils étaient convoqués avant que le procès-monstre fût fini. Ainsi les intérêts des départemens auront à souffrir du retard qu'entraîne cette terrible manie de juger une affaire qu'il était si facile de terminer à la satisfaction générale.

— On assure que le maire, le secrétaire de la mairie et le commandant de la garde nationale de Sainte-Foy-les-Lyon, lesquels, lors des journées d'avril, ont obtempéré aux injonctions des députations d'ouvriers, et leur ont remis les armes de la commune, viennent de partir pour Paris, où ils sont mandés pour témoigner sans doute dans l'affaire du grand procès. On pourrait en inférer que les autorités des autres communes où se sont passé de semblables scènes seront soumises à une pareille obligation. (*Réparateur*.)

PRÉSIDENCE DE M. PASQUIER.

Audience du 6 mai.

Les abords du palais ont une physionomie beaucoup plus triste qu'hier. La plupart des boutiques sont fermées. Le peu de curieux qui se sont portés vers le Luxembourg, malgré la pluie, sont repoussés au loin par un déploiement imposant de forces militaires. C'est la 2e légion de la garde nationale qui fait le service aujourd'hui, en concurrence avec la troupe soldée. Nous remarquons que, conformément à l'ordre du jour publié par les journaux, les gardes nationaux ont apporté des vivres dans leur sac.

A l'intérieur, les tribunes ne sont pas moins garnies qu'hier. Celle des ministres (c'est une baignoire avec rideau, à gauche de la cour) est amplement pourvue de son personnel. M. le président du conseil se fait remarquer avant l'ouverture de l'audience.

« Une disposition surrérogatoire qui n'existait pas hier a été prise aujourd'hui quant à la force armée chargée de protéger l'intérieur de l'audience. Une double escouade de gardes municipaux a été placée à droite et à gauche dans le couloir qui sépare la cour des accusés.

Au banc des défenseurs on ne voit encore aujourd'hui que onze avocats, tous en robe. Ce sont MM. Baud, Benoist (de Versailles), Bousquet, Briquet, Ménestrier, Bavoux, Barillon, Nau de la Sauvagère, Charles Ledru, Ploque, etc.

A midi, les accusés sont à leur placé. Les bancs des témoins sont vides. La cour entre en séance. On procède à l'appel nominal des pairs. Pendant cette opération, plusieurs personnes entrent dans l'enceinte réservée aux témoins à décharge. Nous remarquons parmi ces pesonnes MM. Odilon Barrot et Isambert. Ils s'asseyent à côté de M. Arago.

Le général Claparède seul n'a pas répondu. On demande le réappel : M. le président fait observer qu'il n'y a pas de réappel à faire. M. Claparède déclare qu'il était dans une salle voisine. Il n'y a pas de réclamation.

M. Martin, accusé de Lyon, se lève et dit : — Je demande la parole pour faire une déclaration.

M le président. — Aucun accusé ne peut prendre la parole avant de l'avoir obtenue du président. Avant tout débat, on va procéder à la lecture des pièces de l'accusation.

M. Baune, avec force. — Nous protestons tous contre l'arrêt rendu hier.

M. le président. — Vous n'avez pas la parole.

M. Baune, continuant. — Vous ne pouvez pas nous juger si nous ne sommes pas défendus, et nous déclarons ne pas être défendus.

L'accusé Martin se lève et commence la lecture d'une lettre écrite.

M. le président. — Huissier, faites asseoir les accusés

L'accusé Martin, avec la plus grande énergie. — Avant de nous condamner, vous devez nous entendre.

M. le président. — Vous serez entendus; mais vous devez respecter l'ordre des débats.

M. Lagrange, accusé de Lyon. — Votre arrêt est injuste! nous céderons à la force; mais nous déclarons que volontairement nous ne nous y soumettrons jamais!

Plusieurs voix au banc des accusés. — Cavaignac, prends la parole au nom des accusés de Paris. — Parle! parle!

Cavaignac. — Je demande la parole au nom des accusés de Paris.

M. le président. — Vous n'avez pas la parole.

Tous les accusés se levant. — Cavaignac, parle! parle!

M Cavaignac. — Nous avons réclamé des défenseurs.....

M. le procureur-général se levant. — Je déclare que je vais.....

Les accusés. — Cavaignac, parle! parle! (Tumulte).

M. Cavaignac prononce encore quelques paroles au milieu du bruit. Plusieurs accusés engagent leurs camarades à faire silence.

M. le procureur-général. — Les accusés n'ont droit de prendre la parole que lorsqu'elle leur a été accordée par le président. M. le président en a fait l'observation aux accusés. L'ordre a été troublé. Je déclare que si le moindre trouble est apporté de nouveau à l'ordre de l'audience, je concluerai aux peines portées par le Code pénal et par la loi de 1819, contre ceux des accusés qui renouvelleraient de pareilles scènes.

Les accusés se levant en masse. — Tous! tous!

M. Plougoulm. — Gardes, faites asseoir les accusés.

M. le président. — Faites asseoir les accusés.

Les accusés, se tenant toujours debout. — Nous protestons tous.

M. le président, se levant. — Gardes municipaux, faites asseoir les accusés.

M. Cavaignac, avec feu. — Je demande la parole au nom des accusés de Paris. J'ai un devoir à remplir et je le remplirai.

M. Chegaray, substitut du procureur-général. — Il y a des accusés qui respectent la cour et qui veulent se défendre. L'oppression exercée sur eux est un scandale.

L'accusé Lagrange. — Il n'y a ici d'oppression que de votre part.

Pendant ce temps, les gardes municipaux font tous leurs efforts pour engager les accusés à se rasseoir.

M. Cavaignac. — C'est de la violence ?

L'accusé Genest, de Lyon. — Je proteste pour ma part, et au nom de plusieurs de mes co-accusés, contre ce manque de respect à la justice. Quels que soient les hommes qui rendent la justice, on leur doit du respect. (Vive agitation, pendant laquelle des interpellations presque unanimes sont adressées à l'accusé Genest par ses co-prévenus.)

M. le procureur-général se lève et commence un réquisitoire.

M. Cavaignac. — Est-ce contre moi que M. le procureur-général se propose de prendre des réquisitions ?

M. le procureur-général. — Oui.

M. Cavaignac. — Alors je me rassieds.

Les accusés. — Contre tous ! contre tous ! (Tumulte inexprimable.)

M. Martin (du Nord) reprend son réquisitoire, et conclut à ce qu'application soit faite à l'accusé Cavaignac de l'article 5 de la loi de 1822, qui punit de quinze jours à deux d'emprisonnement et à une amende tout accusé qui aura troublé la police de l'audience.

Cavaignac. — Je demande deux ans.

Les accusés, tous debout. — Condamnez-nous tous ! tous ! (L'agitation est à son comble.)

M. le président se lève de son siége. Tous les pairs suivent son exemple, et la cour se retire dans la chambre du conseil.

Il est impossible de peindre par un compte-rendu l'impression que cette scène a produite. La cour elle-même paraissait stupéfaite de l'énergique résolution des accusés. Le parquet était dans un embarras visible. Les gardes municipaux semblaient employer à l'égard des accusés la persuasion bien plus que la violence. M. Pasquier était presque déconcerté. M. le président du conseil toujours placé dans sa loge, s'efforçait de dissimuler ses craintes sous ce sourire plissé qui semble immobilisé sur sa figure. Il est sorti de sa loge, ainsi que les autres ministres, en même temps que la cour. C'est la seconde fois que cette coïncidence de sortie se renouvelle; elle a déjà été remarquée hier.

L'incident que nous venons de retracer, et qui ne peut manquer d'être suivi d'incidens analogues, semblait évoquer matériellement aux yeux de tout le monde toutes les impossibilités de ce procès. L'agitation causée par cette scène s'est quelque temps continuée après le départ des juges. Cependant le calme renaît peu à peu, et les accusés reprennent une attitude digne et silencieuse qu'ils n'ont cessé de conserver pendant tout le temps qu'a duré la suspension de l'audience.

Il était une heure moins un quart quand la cour s'est retirée pour délibérer.

Pendant la suspension, nous avons pu reprendre le cours de nos observations. Au dehors, toutes les troupes ont été mises sous les armes par une sûre précaution. Au dedans, nous nous sommes assurés que M. Batiste ex-artiste de l'Opéra-Comique, jouissant de sa pension de retraite, fait maintenant partie des huissiers d'audience.

C'est lui que nous voyons adossé au couloir (entre la cour et les accusés), prenant les ordres de l'huissier Sajou, le même qui a signifié l'arrêt de condamnation au maréchal Ney et aux ministres de Charles X.

Dans la tribune qu'on a enlevée aux journalistes en faveur de MM. les fils de MM. les pairs de France, nous n'apercevons que de vieilles têtes. M. Lafond, artiste retraité de la Comédie-Française, y figure au premier rang; il y aura été attiré par le caractère dramatique des débats.

Nous apercevons M. le général Jacqueminot dans la loge des ministres. Il a quitté l'uniforme pour le costume noir de ville.

Le nombre des avocats augmente à chaque instant. A trois heures et demie (toujours pendant la suspension), nous en comptons 25 en robe. Ceci ne s'accorde guère avec la résolution prise par les avocats dans leur réunion d'hier, rue du Faubourg-Saint-Jacques, n° 11, de ne point se présenter dans le cas où les conseils ne seraient pas acceptés.

Nous remarquons aussi que tous les accusés de la catégorie de Lyon ont repris leur costume de route; ils sont en chapeau ciré avec un ruban rouge et blouse bleue. Hier deux ou trois détenus de cette catégorie s'étaient présentés en costume à la convensionnelle.

Nous n'avions encore pu apercevoir la loge des gardes nationaux; grâce à la suspension de plusieurs heures, nous l'avons enfin remarquée dans l'aile de droite. Au premier rang se groupe le tambour-major de la 2e légion avec son colback et son panache.

La contenance des accusés est toujours fort calme. Il est digne d'attention que pour 120 accusés 140 gardes municipaux, y compris les officiers, se trouvent dans la salle.

A 5 heures moins un quart, la cour rentre en séance. Tous les avocats, à l'exception de neuf, quittent leur banc; mais ils s'arrêtent sans doute par curiosité à la porte. Les gardes municipaux mettent la main sur les poignées de leurs sabres.

M. le président, au milieu du plus profond silence, prononce l'arrêt suivant :

« La cour, statuant sur le réquisitoire de M. le procureur-général et faisant droit après en avoir délibéré :

« Attendu que des faits graves se sont passés à l'audience de la cour ; que plusieurs accusés par leurs clameurs, le tumulte et la violence ont empêché le cours
de la justice, malgré les avertissemens du président ;

« Donne acte au procureur-général de ses conclusions
contre l'accusé Cavaignac ;

« Joint l'incident au fond.

« Dit que dans le cas où des désordres nouveaux seraient commis et l'ordre serait encore troublé, la cour
prendrait les mesures nécessaires pour assurer à la justice son libre cours.

La séance est levée et renvoyée à demain midi.

L'accusé Martin. — J'ai une observation à soumettre à la cour.

M. le président. — La séance est levée.

Alors retentit dans le couloir le commandement suivant adressé à la garde municipale : Par le flanc droit
et le flanc gauche ; droite, gauche, pas accéléré,
marche !

PROTESTATION

DES DÉFENSEURS DES ACCUSÉS D'AVRIL.

Le but du gouvernement ayant toujours été, ainsi
qu'il résulte des pièces de l'instruction rédigée sous son
influence, non seulement de poursuivre un certain
nombre d'hommes dans leurs actes individuels, mais de
faire condamner dans ces hommes l'ensemble des principes et d'espérances de l'opinion à laquelle ils appartiennent.

Dans cette position, les prévenus avaient deux partis
à prendre : ou protester par le silence le plus complet
contre une commission politique qui ne pouvait que les
livrer et non les juger, ou s'emparer de la tribune que

leur offrait même une commission politique pour défendre et faire connaître complétement au pays les opinions qu'on voulait frapper en eux.

Pour atteindre ce dernier but, ils avaient besoin de réunir autour d'eux, et de toutes les parties de la France, un concours d'hommes qui complétât à leurs yeux et aux yeux du pays la représentation de la pensée républicaine.

Ce résultat a été rendu impossible par les mesures qui ont empêché la communication des prévenus entre eux et avec leurs conseils, et enfin par l'arrêt de la cour des pairs qui vient de repousser les conseils non avocats. Dans cette circonstance, les défenseurs soussignés, avocats et non avocats, considérant que le droit de la défense a été outrageusement violé, et approuvant hautement la résolution des accusés, qui ont flétri par leur silence tout principe de juridiction prévôtale, éprouvent le besoin d'exprimer publiquement leur douleur de n'avoir pu être utiles à leurs amis, et protestent de toute l'énergie de leur conscience contre l'abominable iniquité qui va être consommée à la face de la nation !!!

A. Carrel; Antony Thouret; André Imberdis, avocat; Michel de Bourges, avocat; J. Morand, A.-J. Coralli, Trinchard, Aiguebelle (d'Auch), avocat; Jules Bernard; L. Vaintré, Auguste Comte, Emile Lebreton, avocat; Simon Bouquain, Joly, ex-député, avocat; Marc Dufraisse, Raspail, Jean Reynaud, Jules Bastide, A. Bravard, avocat; David de Thiais, de Poitiers; L. Auguste Blanqui, Thomas, P. Leroux, E. Martinault, T. Fabas; L. Vasseur, de Grenoble; L. Carnot, Louis Latrade, E. Caylus, L. Rouet, Vimal Lajarrige; H. Peston, de Tours; Jules Leroux, A. Hautrive, Hippolyte Dussard, Bergeron, Hadot-Desages, Grouvelle, Savary fils; Robert, d'Auxerre; Trélat, de Clermont; J.-A. Plocque, avocat; Pance, Fenent, avocat; Ferdinand François, Martin Bernard, Dupont, avocat; L. Virmaître; Leducq, d'Arras; Chevalier, Gibaud de Dôle, avocat; Benjamin Vignerte, Fr. de La Mennais, Voyer-d'Argenson, député; Laurent, de l'Ardèche; Devielbanc, avocat; H. Fortoui, Baunes, Woirhaye, de Metz; Dornès, de Meto; Emile Bouchotte, de Metz; Saint-Romme, de Grenoble; Saint-Ouen, de Nancy; Audry de Puyraveau, député; Ch. Ledru, avocat; Boussi, avocat; Briquet, avocat; Moulin, avocat; Franque, avocat; Buonarotti, Etienne Arago, Flocon, Fulgence Girard, Gervais, de Caen, détenu à Sainte-Pélagie; Tibeaudeau, Vergès, de Dax; Frédéric Degorge, d'Arras; Demay, officier, de Dijon; A. Guizard, d'Avrillac.

Outre les 164 pairs présens, il y avait a l'audience cinq jeunes pairs n'ayant pas encore voix délibérative. Ce sont MM. le comte Herwyn, le comte Darn, le comte de Beaumont, le comte de Saulx-Tavanne, le comte de Hédouville.   (*J. des Débats.*)

— Les personnes qui ont parcouru ce soir les salons de la pairie ont dû remarquer le changement qui s'est opéré sur la physionomie de plusieurs membres de la cour. Hier, tout semblait facile; on croyait que la procédure marcherait comme d'elle-même; M. le président disait qu'il y aurait moins d'opposition qu'on ne le pensait d'abord. Ce soir l'horizon s'est assombri; on a remarqué un découragement bien prononcé parmi les membres de la cour. L'arrêt d'aujourd'hui n'a été rendu qu'après trois heures et demie de délibération; cet arrêt même, qui n'applique aucune peine, mais qui se borne à des menaces, est l'expression d'un système de ménagement qui n'a point été partagé par le ministère public.   (*Temps.*)

— M. Persil a été aperçu ce soir péniblement agité; il allait de salons en salons, s'enquérant de l'effet produit par la séance d'aujourd'hui. M. Persil a raison, car c'est sur lui spécialement que repose la responsabilité morale du procès d'avril : lui seul en avait eu la pensée ; il l'a portée dans toutes les comqiuaisons ministérielles où il a pris place ; ses collègues l'ont acceptée plus tôt qu'ils ne l'ont conçue eux-mêmes. Ce sera donc sur M. Persil que toute la responsabilité pèsera : elle est immense ; car ce n'est point seulement le pays qui repousse ce procès, mais la royauté elle-même qui commence à le désavouer.   (*Idem.*)

— M. Pasquier avait éprouvé une si vive émotion de l'incident soulevé par M. Cavaignac, qu'il a été subitement incommodé en entrant dans la salle du conseil. Les conversations les plus animées se sont engagées entre MM. les pairs, moins sur l'incident en lui-même que sur l'irréparable faute qu'avait commise le ministère en voulant obstinément ce procès, contre toutes les représentations qui lui ont été adressées. Ce gouvernement, disait un pair de la restauration, n'a fait que des fautes depuis 1830, et c'est aux dépens de la considération de la pairie qu'il a voulu les effacer. Le gouvernement était défendu avec énergie par un certain nombre de membres qui lui doivent la pairie et la plus incroyable fortune politique. Un de ces hommes soutenait avec chaleur que le procès, étant tout politique, devait être expédié par les moyens que dicterait la politique, et non d'après les règles de justice des causes et des temps ordinaires. La culpabilité de ces hommes était, disait-il, une question de fait et de bonne foi ; et pour lui, il eût trouvé qu'un tribunal composé de MM. Plougoulm, Frank-Carré, Chegaray et Martin (du Nord), eût encore offert a de tels accusés plus de garanties qu'ils n'en méritaient. On s'arrêtait généralement à l'idée de disjoindre les causes, comme au seul expédient qui pût rendre la continuation du procès possible. L'arrêt qu'est venu enfin présenter M. Pasquier, et qui était une véritable fin de non-recevoir opposée au réquisitoire de M. Martin, a prouvé à quel point on craignait d'irriter les accusés et de les mettre dans le cas de faire voir combien le tribunal auquel on les a livrés leur impose peu par la broderie de ses habits, la magnificence de ses siéges et le ridicule de son cérémonial. (*National.*)

— Ce soir encore, le public a été admis, après l'audience, à circuler dans le jardin du Luxembourg. La foule s'est portée aux grilles qui entourent les tentes et devant la prison. Les détenus ont exécuté un concert magnifique dans leur prison. Soit qu'on fût dans le jardin ou bien dans la rue Vaugirard, on entendait comme une seule voix qui chantait la Marseillaise. On dit que les jeunes soldats qui les gardent chantent avec eux. On entend le bruit des sonnettes qu'on agite probablement pour les faire taire. Mais c'est en vain, le volume des voix ne fait qu'augmenter.

Ce soir, les galeries de l'Odéon, les cabinets de lecture, les cafés sont remplis de jeunes gens qui s'arrachent les journaux.

M. l'abbé de La Mennais vient de faire un appel à la bienfaisance publique en faveur des malheureux pères de familles qui se trouvent parmi les prisonniers du Luxembourg. « Car on sait trop, dit-il, jusqu'à quel point ils peuvent compter sur la sollicitude du gouvernement. » Cet avis est signé de sa main. Nous l'avons vu affiché aux portes de l'Ecole de droit. (*Bon Sens.*)

— Pendant que les accusés d'avril siégeaient sur les bancs de la cour des pairs, la police, dans sa haute prévoyance, faisaient garnir de débris de bouteilles et semer de verres cassés les parties supérieures du mur qui sépare la cour des prévenus de Paris de celle des prévenus de Lyon. Cette délicate attention avait pour objet de prévenir toute nouvelle tentative d'escalade.

À tout prix, le pouvoir ne veut pas que les accusés communiquent entre eux ; il espère exploiter le défaut d'ensemble qui doit résulter de leur isolement. (*Idem*).

— M. Hulot, capitaine dans la 5ᵉ légion, et signataire de la protestation qui a été publiée dans plusieurs journaux, à la date des 3 et 4 mai courant, vient, par décision du conseil de préfecture, d'être suspendu pour deux mois des fonctions de son grade, conformément à l'art. 61 de la loi du 22 mars 1831.(*Journal de Paris.*)

— Nous recevons la protestation suivante de la 2e compagnie du 4e bataillon de la 3e légion de la garde nationale :

« Les soussignés déclarent protester contre tous les actes qui mettraient la garde nationale sous l'autorité militaire, en s'engageant sur l'honneur à ne pas aller au Luxembourg. »

Cette protestation, rédigée dans la journée, est déjà signée par le capitaine, deux officiers, trois sergens et un grand nombre de gardes nationaux.   (*National.*)

— On écrit de Lyon :

« Les témoins à décharge, cités à la demande des prévenus d'avril, ont enfin été assignés à comparaître par-devant la cour des pairs. L'un de ces témoins, qui nous donne communication du mandat qui lui est adressé, n'est assigné que pour le 22 mai seulement ; nous pensons qu'il en est de même pour tous les autres. »

PRÉSIDENCE DE M. PASQUIER.

Audience du 7 mai.

Les abords du palais ont toujours leur aspect triste et morne. Le silence du quartier n'est troublé que par le bruit de la cavalerie et le roulement des voitures qui portent les juges en habit brodé. L'une de ces voitures se fait remarquer par la livrée de M. le duc d'Orléans.

Le motif qui nous est donné pour l'audience extraordinaire tenue aujourd'hui, c'est que rien n'était à l'ordre du jour pour les séances de la chambre des pairs.

A onze heures et demie, les accusés et les témoins sont introduits. A midi dix minutes, MM. les pairs sont sur leurs siéges. Six avocats seulement sont aux bancs des défenseurs.

On procède à l'appel nominal. Pendant ce temps nous remarquons M. le colonel Feisthamel qui n'avait pas paru aux audiences précédentes. Un fauteuil spécial a été placé pour lui, en face du président, au milieu de l'enceinte des avocats, entre deux huissiers.

Nous voyons paraître M. Persil dans la loge des ministres. M. le comte Vigier ne bouge pas de la loge des députés.

Sur les bancs des témoins à charge, nous apercevons MM. le colonel Bouffet de Montauban, Aubert et autres amis des prévenus.

M. le président. — La lecture des pièces va commencer ; accusés, soyez attentifs.

L'accusé Martin (de Lyon). — Je demande la parole.

M. le président. — Asseyez-vous, vous ne pouvez parler.

M. Crivelli, avocat. — M. le président, je demande à présenter quelques observations. (Cet avocat paraît âgé d'une soixantaine d'années.)

M. le président. — Vous avez la parole. (Mouvement parmi les accusés.)

M. Crivelli. — Messieurs les pairs, la compétence de la cour des pairs a été établie par la Charte de 1830 ; mais aucune loi spéciale, aucun réglement particulier n'a indiqué le mode de procédure à suivre. Dans ce silence de la loi, je viens appuyé sur le Code ; je viens, d'après les dispositions formelles de l'art. 257 du Code d'instruction criminelle, demander que ceux d'entre MM. les pairs qui ont, soit participé à l'instruction, soit signé l'acte d'accusation, ne puissent siéger comme juges. Ma demande est basée non seulement sur l'intérêt des accusés, mais sur celui de la défense.

L'avocat rappelle ici l'arrêt rendu hier par la cour, et croit devoir s'en appuyer pour la question préjudicielle qu'il soulève.

Vous avez, messieurs, dit M. Crivelli, rendu hier un arrêt basé sur l'article 294 du Code d'instruction criminelle ; nous n'avons pas élevé la voix contre cet arrêt basé sur un article de la loi, mais que vous avez invoqué pour la police de la défense, nous le demandons en ce qui touche l'organisation même de la cour, et puisque MM. les pairs ont déclaré vouloir se conformer au Code d'instruction criminelle, je les prie de persister dans cette résolution.

Quel est, messieurs, l'accusateur qui, venant ensuite siéger comme juge, a pu se débarrasser entièrement de ses premières préoccupations ? Or, l'article 257 a eu pour but que le juge n'arrive sur son siége qu'avec des impressions vierges. Je sais bien que les accusés trouvent toute garantie dans la haute sagesse de la cour, sagesse à laquelle je me plais à rendre ici un éclatant hommage (murmures parmi les accusés) ; mais enfin, vous êtes hommes, messieurs,

Homo sum et nil humani à me alienum puto ; vous devez être en garde contre votre faiblesse et ne devez pas prétendre être plus sages que n'a supposé la loi. Je fais donc ici un appel à vos profondes lumières...

L'accusé Hubain Deguer se levant et d'une voix retentissante. — Nous demandons à l'avocat au nom de qui il parle ici ?

Deux autres voix. — Qui vous a chargé de parler ?

Mᵉ *Crivelli.* — Je parle au nom de l'accusé Guichard, mon client, qui demande à être jugé.

M. le président. — Prenez vos conclusions.

Mᵉ *Crivelli.* — Vu l'article 257 du Code d'instruction criminelle qui porte :

« Les membres de la cour royale qui auront voté sur la mise en accusation, ne pourront, dans la même affaire ni présider les assises ni assister le président ; à peine de nullité. Il en sera de même à l'égard du juge d'instruction. »

Et attendu que parmi les pairs, se trouvent des membres qui ont participé à l'instruction et voté l'accusation.

Ordonner que ceux-là seulement qui auront été étrangers à l'instruction et à l'accusation puissent siéger comme juges.

Me Ménestrier, avocat. — Je demande la parole au nom de l'accusé Molard, que je défends.

L'accusé Molard. — Je ne vous autorise pas à prendre la parole pour moi; je me défendrai moi-même.

Me Ménestrier. — Alors je désire que M. le président fasse expliquer catégoriquement le sieur Molard, pour qu'il déclare si je suis oui ou non son défenseur. Il m'a écrit une lettre pour me prier de l'assister aux débats. Aujourd'hui que je veux parler sur la question préjudicielle qui vient d'être soulevée par Me Crivelli, il ne veut pas que je plaide. Qu'il s'explique.

L'accusé Molard. — J'ai l'intention de plaider moi-même ma cause. Mais comme la loi veut que je sois assisté d'un défenseur, j'ai choisi Me Ménestrier pour la forme seulement; mais je ne veux pas qu'il parle.

Me Ménestrier se rasseoit au milieu de l'hilarité générale.

L'accusé Beaune. — Je demande à faire remarquer à la cour que Me Crevilli vient de prendre la parole sans notre aveu. Il a traité la question de compétence. Si nous avions voulu engager le débat nous aurions eu à soulever des questions plus importantes que celle de la compétence : celle du choix des défenseurs, celle des récusations, par exemple. Je constate donc, en mon nom et en celui de mes co-accusés, que notre position est toujours la même qu'elle l'était avant l'incident soulevé par Me Crivelli.

L'accusé Lagrange. — Je ferai observer en mon nom et en celui de mes co-accusés que M. le président a accordé la parole sur un incident avant la lecture des pièces à Me Crivelli. C'est un précédent qui nous autorise, mes camarades et moi, à prendre la parole avant la lecture de l'acte d'accusation.

Un accusé se lève et demande la parole.

M. le président. — Comment vous appelez-vous ?

L'accusé. — Martin Maillefer. Je viens en mon propre nom et en celui de mes co-accusés, soulever une question incidente plus grave que celle de la compétence, que la majorité de la cour a déjà reconnue, quoiqu'elle ait été constatée même dans son sein par une minorité très respectable. Je veux parler d'une question qui domine toute la cause, celle du libre choix de nos défenseurs, et sans la solution de laquelle la lecture des pièces ne peut pas commencer. Je demande donc, que la cour ordonne que nous soyons assistés des défenseurs que nous avons choisis, sans quoi je déclare que nous cesserons tous de prendre part aux débats.

M. le président. — Cette question a été jugée avant-hier par un arrêt de la cour. Vous ne pouvez donc la traiter de nouveau. La parole est à M. le procureur général.

Martin Maillefer avec énergie. — Je répète au nom de tous mes co-accusés que si les défenseurs de notre choix ne sont pas admis, nous cessons tous de participer aux débats.

Les accusés se levant d'un mouvement simultané. — Oui! tous! tous! (Vive agitation aux bancs des accusés).

Le colonel Feisthamel. — Gardes, faites asseoir les accusés.

Ceux des accusés qui paraissent exercer de l'influence sur leurs camarades les engagent à se calmer et à s'asseoir. Le silence se rétablit.

M. le procureur général prend la parole pour répondre à Me Crivelli. — MM. les pairs, on vient vous demander l'application de l'article 257, mais cet article qui règle la procédure des cours royales, ne saurait s'appliquer à la cour des pairs qui n'existait pas lors de la promulgation des codes; et d'ailleurs on ne saurait appliquer les articles du Code d'instruction criminelle, que lorsqu'il y a possibilité matérielle de les appliquer. Or, ici la cour tout entière a signé l'acte d'accusation : récuser ceux qui ont pris part à l'instruction , c'est récuser la cour.

Et d'ailleurs , ne donne-t-on pas une extension trop longue à l'article 257. Les tribunaux correctionnels ne se soumettent pas à cette disposition, puisque les membres qui siègent dans la chambre du conseil et qui statuent sur la mise en prévention , sont appelés comme membres du tribunal à juger les prévenus auxquels ces faits sont reprochés. La cour des pairs peut par conséquent procéder de la même manière.

J'ajouterai que les précédens de la cour peuvent servir de règle dans la question actuelle. Maintes fois la cour des pairs a été saisie d'affaires criminelles, et constamment, les membres qui ont signé l'acte d'accusation ont pris part au jugement. L'article 257 règle un cas spécial qui ne saurait s'appliquer à la pairie. Nous pensons en conséquence qu'il n'y a lieu à faire droit à la question préjudicielle soulevée par le défenseur de Guichard.

Un accusé demande la parole.

M. le président. — Vous ne pouvez parler. Me Crivelli a la parole.

Le même accusé. — Je la demande après lui.

Me Crivelli. — M. le procureur-général, en réponse à mes observations , a soutenu que l'art. 257 du Code d'instruction criminelle ne concernait que les cours royales et ne pouvait s'appliquer à la cour des pairs , qui n'existait pas lors de la promulgation du code. Mais lorsqu'il n'a pas été fait de réglement particulier pour la cour des pairs , et que pour déterminer les formes dans lesquelles elle doit procéder , cette cour s'appuie par analogie sur le Code d'instruction criminelle : la cour doit en cette circonstance suivre la règle qu'elle s'est imposée.

Mais , ajoute M. le procureur-général , il n'y a lieu

d'appliquer à la cour des pairs les dispositions du Code d'instruction criminelle que lorsque l'application en est possible. Vous comprendrez, messieurs les pairs, qu'un tel principe conduit tout droit à l'arbitraire. La cour ne peut pas, selon les cas, adopter certains articles de ce code et rejeter les autres. Elle a dit qu'elle entendait s'en référer pour sa procédure aux règles tracées par le Code d'instruction criminelle ; on ne peut donc pas repousser les dispositions qui sont favorables aux accusés lorsqu'on s'arme contre eux des dispositions rigoureuses qu'il autorise. L'accusation s'appuie sur ces dernières ; j'ai donc lieu de réclamer le bienfait de celles qui sont favorables à la défense.

Mais, dit encore M. le procureur-général, c'est invoquer ici d'une manière trop large des dispositions du Code d'instruction criminelle. Remarquez, dit-il, que les tribunaux de police correctionnelle ne font pas application de l'article 257. En effet, dans les tribunaux correctionnels, les membres qui ont été appelés à délibérer dans l'instruction comme membres de la chambre du conseil figurent plus tard comme juges des prévenus auxquels ces faits sont reprochés. Voilà l'argument de M. le procureur-général dans toute sa force. Ici, MM. les pairs, j'ai une simple observation à faire, mais elle est grave.

Il faut distinguer entre les chambres du conseil et les chambres d'accusation. Les chambres du conseil ne s'occupent que de caractériser le fait, elles ne s'occupent nullement des prévenus. Les chambres d'accusation, au contraire, sont appelées à se prononcer sur les personnes. Cette distinction est importante, et l'on comprend que les choses étant ainsi, les membres des chambres du conseil peuvent juger, mais que cette faculté soit interdite aux membres des chambres d'accusation. M. le procureur-général conviendra donc que son argument n'est pas applicable à l'espèce actuelle.

M. le procureur invoque aussi les précédens de la

cour. Ces précédens, je ne les connais pas ; mais nous nous refusons à les admettre. En effet, vous n'êtes pas appelés à rendre des décisions de réglement ; vos arrêts ne prononcent que sur le fait qui vous est soumis ; ils ne font pas pour vous jurisprudence. Je cite un fait à l'appui de cette opinion : dans le procès de 1821, un membre rappelait les précédens de la cour ; toute la cour se leva et dit : Les précédens ne nous lient pas.

Enfin, M. le procureur-général a dit : Que les articles qui règlent la procédure des cours d'assises n'étaient pas applicables aux tribunaux spéciaux. M. Crivelli cite une disposition légale qui dit que les articles 255, 256, 257, recevront leur application pour les cours spéciales. En conséquence, dit-il, je persiste dans mes conclusions.

L'accusé Reverchon avec force. — Je demande la parole !

M. le Président. — Accusé....

M. Reverchon. — Il est de notre devoir de déclarer qu'aucune violence au monde n'aurait pu nous conduire devant le tribunal exceptionnel qui prétend nous juger aujourd'hui, si nous n'avions pas pensé que ce serait pour nous une occasion de parler à la France. C'est donc devant la patrie, c'est devant l'Europe entière que nous paraissons, et non pas devant vous. C'est à la France et à l'Europe que je déclare que ce qui a été dit par notre co-accusé Guichard ne nous concerne en rien. Nous n'acceptons pas le débat ; rien ne nous fera consentir à être jugés tant que nous n'aurons pas nos défenseurs. L'arrêt que vous avez rendu hier.......

M. Pasquier frappant sur son bureau. — Accusé, asseyez-vous ! gardes, faites asseoir !

M. Reverchon reste debout, et la plupart des autres accusés se lèvent de nouveau ; la garde municipale ne sait comment s'y prendre pour les faire asseoir sans employer la violence.

M. Beaune, accusé de Lyon.— Au nom de tous les

accusés, je déclare que nous n'acceptons pas le débat. Nous ne vous reconnaissons pas.

M. le président. — Parlez en votre nom si vous voulez, et non pas au nom des autres.

L'accusé Beaune. — Je parle au nom de tous.

M. le substitut Chegaray se lève et fait entendre des paroles de dénégation.

M. le président à l'accusé Beaune. — Tous les accusés ne sont pas de votre avis.

Les deux tiers des accusés. — Tous nous voulons nos défenseurs.

M. Ceverchon. — C'est un scandale que la cour cherche à semer la division parmi les accusés, pour s'en prévaloir contre eux. Interrogez tous nos camarades ; ils vous répondront en masse qu'ils n'acceptent pas le débat.

Tous les accusés se levant. — Oui ! oui ! nous voulons nos défenseurs. (Agitation visible au parquet et parmi les pairs.)

M. le président, tâchant de dominer le tumulte. — Gardes, faites donc asseoir les accusés.

Les gardes municipaux engagent avec douceur les accusés à s'asseoir. Les officiers semblent donner des ordres pour qu'on les emmène.

M. Lagrange, accusé de Lyon. — Vous voulez que chacun parle pour soi, eh bien ! je demande la parole en mon nom personnel, afin de vous éviter tout prétexte.

(M. le président prononce pour l'arrêter quelques paroles qui restent sans effet.)

M. Lagrange continuant. — M. le procureur-général vient d'assimiler la cour des pairs à un tribunal de police correctionnelle, afin que les accusateurs puissent siéger comme juges. Je demande sur quoi s'est donc appuyée la cour pour nous refuser nos défenseurs non avocats, si elle ne veut pas être assimilée aux cours d'assises ? (Mouvement sur le banc des juges.) Dites

donc de suite que vous êtes un tribunal exceptionnel !..
Et à mon tour je déclare que si je ne me suis pas laissé
déchirer en morceaux pour m'éviter de comparaître devant un pareil tribunal, c'est que j'ai voulu dire au
pays quelles ont été nos pensées à son égard, quel a été
le caractère de nos actes ! (Avec une voix émue et solennelle.) Puisque vous nous avez refusé tous nos moyens
de légitime défense et de publicité, je proteste ici à la
face du pays contre toutes les iniquités que vous avez
accumulées contre nous. Je proteste contre la longueur
inouïe de l'instruction qui nous a réduits à la misère.
Je proteste contre une détention démesurée et contre le
régime de vos prisons qui a ruiné nos santés. Je proteste
contre le régime particulier de la prison qu'on vient de
construire pour nous, dans laquelle nous ne pouvons
communiquer ni entre nous, ni avec nos amis, ni avec
nos avocats. Je proteste contre la situation matérielle
où l'on nous place ici, entre des soldats, dans l'impossibilité de remuer, tandis que vous, messieurs les pairs,
vous êtes au large et à votre aise dans vos fauteuils do-
rés. Je proteste surtout contre l'exclusion du public de
cette enceinte. Vous avez distribué des cartes à quelques personnes privilégiées qui viennent comme à un
spectacle jouir du tableau de nos misères, tandis que
nos mères, nos sœurs, nos vieux pères sont repoussés
brutalement et gémissent à la porte. Enfin, je proteste
de toute mon énergie contre votre arrêt d'hier par lequel vous m'avez refusé mon légitime défenseur.

M. le président. — Accusé, vous n'avez pas la parole.

M. Lagrange, élevant encore la voix. — Je conti-
nuerai malgré vous. Je proteste...

M. Pasquier. — Vous n'avez pas la parole.

M. Lagrange. — Je proteste contre votre inique
arrêt...

M. Martin (du Nord) et ses substituts. — Qu'on
fasse taire l'accusé !

M. Lagrange. — J'achèverai malgré vous, et je

dirai que vous n'avez plus qu'à nous envoyer à la mort, mais que vous ne nous jugez pas.

Une indicible confusion succède à ces paroles. Les voix des accusés retentissent en masse. La cour se lève sans en avoir reçu l'ordre et semble déconcertée. Chacun paraît en proie aux plus vives émotions, excepté pourtant les ministres, que nous voyons rire et plaisanter dans leur loge. Pendant qu'on emmène les accusés, M. de Broglie, d'un air sardonique, lorgne avec un binocle.

A deux heures moins quelques minutes, les accusés sont ramenés dans la salle et reprennent leurs places dans le plus grand ordre.

A deux heures dix minutes la cour rentre en séance, et M. le président au milieu du plus profond silence, prononce l'arrêt suivant :

« La cour, statuant sur les conclusions de l'avocat Crivelli,

« Ouï M. le procureur-général en ses conclusions,

« Attendu que les dispositions du Code d'instruction criminelle ne peuvent être invoquées en ce qui concerne l'organisation de la cour des pairs ;

« Attendu que c'est la chambre des pairs siégeant comme cour de justice et non une partie de la chambre qui est appelée par la Charte à statuer sur les procès qui lui sont soumis ;

« Attendu que c'est ainsi que la cour a constamment procédé ;

« Sans s'arrêter aux conclusions de Crivelli, la cour ordonne qu'il sera passé outre aux débats. »

M. Beaune. — Il est bien entendu que cet arrêt ne concerne que l'accusé Guichard.

M. Martin, accusé de Lyon. — M. le président, j'ai une autre question à présenter.

Le président. — Est-ce une question préjudicielle ?

M. Martin Celle-là est d'une haute importance pour nous. Je veux préciser la position d'un grand nombre des accusés.

Les accusés. — Parlez! parlez!

M. Martin. — Messieurs, c'est pendant l'exil auquel Albert, Hugon et moi, nous nous sommes volontairement soumis, que nous avons appris qu'une accusation était dirigée contre ceux qui siégent avec nous ici. Nous sommes accourus, parce que nous regardions comme de notre honneur et de notre devoir d'accepter le cartel du pouvoir et de partager les périls de nos amis.

Mais nous savions tous bien que nous ne trouverions pas ici de véritables juges.

Nous sommes venus, non pour vous, car nous vous déniions formellement tout pouvoir sur nous; mais pour le pays, devant lequel nous avons à nous expliquer. Nous sommes venus pour donner un démenti à tous les faits de l'accusation. Nous sommes venus pour démontrer que dans cette circonstance le gouvernement qui nous accuse a tout combiné, tout préparé.

En cela, je le répète, nous avons été mus par l'unique intention de démontrer au pays qu'il a été induit en erreur. Nous avons voulu exposer nos doctrines; il verra qu'un dévouement social pur et bien compris est la base de tous nos actes.

Pour vous, messieurs, après avoir amené devant vous vos adversaires politiques, les républicains, vous les avez isolés de leurs défenseurs; les mères, les sœurs, les femmes des accusés sont bannies de cette enceinte; enfin, en intercalant parmi nous des hommes à vous, vous avez achevé de prouver que vous ne vouliez point aider à notre justification; qu'au contraire, vous vouliez rendre toute défense impossible.

Les bancs du barreau déserts devant vous attestent assez à cet égard ce que vous avez voulu.

Eh bien! mes amis et moi, nous ne voulons pas vous faciliter la tâche que vous avez entreprise : jugez-nous, condamnez-nous, ajoutez nos têtes à celles de tant de victimes de la haine et de la vengeance; nous attendons impassiblement votre arrêt. (Vive agitation.)

7

M. le président. — La parole est à M. le procureur-général.

M. le procureur-général. — Messieurs, nous n'avons pas cru devoir interrompre le discours étrange que vous venez d'entendre. Nous avons cru qu'il était bien de constater le but que se proposent certains accusés pour intervertir l'ordre adopté pour les débats par la sagesse de M. le président. Nous demandons donc...

L'accusé Albert, d'une voix forte. — Nos têtes!...

M. le procureur-général poursuivant. — Nous demandons donc que si des désordres pareils à ceux qui ont déjà eu lieu se renouvelaient, la cour employât, pour les faire cesser, les moyens qui sont en son pouvoir, et que dans un de ses arrêts elle a déjà fait pressentir; car si de nouvelles atteintes sont portées à sa dignité, il y a dans la loi des moyens de faire respecter le corps auguste devant lequel sont traduits les accusés. (Rumeur au banc des accusés.)

M. le président. — Accusés, soyez attentifs à ce que vous allez entendre.

M. de Cauchy, secrétaire-archiviste, faisant les fonctions de greffier, commence la lecture de l'acte d'accusation. A peine a-t-il prononcé deux mots que presque tous les accusés se lèvent, et s'écrient. Non, non! nous voulons nos défenseurs.

Ici il nous est impossible, au milieu du tumulte, de saisir les nombreuses et énergiques protestations qui partent à la fois de presque tous les bancs des accusés. Plusieurs d'entre eux demandent la parole.

Un avocat nommé d'office se lève et la réclame pour une explication toute personnelle. Sur cette déclaration, le tumulte qui règne au banc des accusés s'apaise comme par enchantement, et l'avocat dont nous ignorons le nom se lève et dit au milieu du plus profond silence.

— Messieurs, nommé d'office pour défendre l'accusé Mercier, de Lyon, je prie M. le président de lui demander s'il entend que je l'assiste ou que je m'abstienne. La cour comprendra mon scrupule, car je déclare que je n'accepterai la défense que du consentement formel de l'accusé.

M. le président. — Je ne puis poser cette question; c'est à vous à vous entendre avec votre client. Greffier, donnez lecture de l'acte d'accusasion, et vous, accusés, soyez attentifs à ce que vous allez entendre.

M. de Cauchy commence, à voix assez basse, la lecture de l'acte d'accusation. (Sourde rumeur.)

M. Dubouchage. — Je prie M. le greffier de parler plus haut, on n'entend pas un seul mot.

M. de Cauchi recommence sa lecture, et pendant la première phrase qu'il prononce, une sorte d'indécision se manifeste au banc des accusés, qui se consultent.

L'accusé Imbert. — Je demande la parole.

M. le président. — Vous n'avez pas la parole. (Agitation.)

Plusieurs accusés se levant les uns après les autres. — Je demande la parole.

M. le président. — Vous n'avez pas la parole. Faites asseoir les accusés. (Vives réclamations).

Les accusés se lèvent en masse. — Nous protestons tous! Qu'on nous rende nos défenseurs! (L'agitation est extrême.)

M. Beaune, ayant un papier à la main. — Je demande la parole. (L'agitation qui régne au banc des accusés se calme sur-le-champ.)

M. le président. — Pour la centième fois, vous n'avez pas la parole. (Cris tumultueux au banc des accusés.)

Sur les ordres de M. le colonel Feisthamel, qui, à plusieurs reprises, a été conférer avec M. le président, les gardes municipaux font asseoir les accusés, sans cependant, pour la plupart, user de contrainte à leur égard.

Ici s'offre une scène que nous allons essayer d'esquisser, mais que nous désespérons de reproduire fidèlement.

Le tumulte est à son comble. M. le procureur-général se lève, et prononce un réquisitoire. En même temps, l'accusé Beaune, retenu par deux gardes municipaux qui sont à ses côtés, lit une protestation d'une voix calme et grave qui domine constamment le tumulte et couvre entièrement le sourd fausset de M. le procureur-général.

Du banc des accusés part un feu roulant et soutenu de protestations, plus énergiques les unes que les autres. M. le président a peine à cacher son trouble ; presque tous les pairs sont interdits : enfin la salle entière semble être en proie à une fascination communicative : les sténographes cessent eux-mêmes un moment d'écrire.

Autant qu'il est en nous, nous figurons cette scène en plaçant en regard la protestation lue par M. Beaune et le réquisitoire de M. le procureur-général. Cette dernière pièce, dont nous n'avons pas entendu un seul mot, nous a été communiquée.

M. MARTIN (DU NORD).

« Le procureur-général du roi près la cour des pairs.

« Vu l'arrêt en date du 6 de ce mois, qui décide que les mesures nécessaires pour assurer à la justice son libre cours seront prises dans le cas de nouveaux désordres commis par des accusés. (Vives clameurs aux bancs des accusés, qui vont toujours croissant jusqu'à la fin de ce réquisitoire. Parfois la voix des accusés domine, et nous reproduisons les principales interpellations qui arrivent jusqu'à nous.)

« Attendu, en fait, qu'au lieu d'obéir à ces avertissemens, certains accusés, par les manifestations violentes auxquelles ils se livrent et par un

M. BEAUNE.

« La presque unanimité des accusés de Lyon, de Paris, Saint-Etienne, Arbois, Lunéville, Marseille, Épinal, Grenoble, soussignés,

« Après les faits graves qui ont eu lieu aux deux premières audiences, croient qu'il est de leur dignité comme de leur devoir d'adresser à la cour des pairs la déclaration suivante :

« La cour a, par son arrêt, violé le droit de la libre défense. (Aux bancs des accusés : Oui ! oui !)

« Cour souveraine, armée d'un pouvoir exorbitant, jugeant sans contrôle, procédant sans loi, elle enlève la garantie la plus sainte à des accusés qui sont ses ennemis politiques, tumulte qui paraît le résultat d'un système concerté entre eux à l'avance, s'efforcent de rendre impossible le cours régulier du procès ; que l'impossibilité de continuer les débats en présence de ces accusés est par cela même démontrée;(Plusieurs voix : Prenez de suite nos têtes !)

« Attendu que s'il pouvait dépendre des accusés d'entraver, par des moyens quelconques, la marche d'une affaire, la puissance publique leur appartiendrait, et que l'anarchie prendrait la place de la justice; que la tolérance qui serait apportée à cette rébellion contre la loi serait un véritable déni de justice envers la société et envers ceux des accusés qui usent de leur droit pour réclamer le jugement;(Les accusés : Nous protestons tous! tous!)

« Attendu qu'il appartient à la cour de s'opposer au renouvellement d'un pareil scandale, et d'assurer la justice à la société et aux accusés paisibles qui la réclament; (Les accusés : Personne ne réclame!)

« Requiert qu'il plaise à la cour, statuant sur l'étendue du pouvoir discrétionnaire, indispensable à la suite et à la direction des débats, autoriser M. le président à faire sortir de l'audience et reconduire en prison tout accusé qui troublera l'ordre (Les accusés : Nous sortirons tous!), à la charge par le greffier de tenir note des débats et d'en rendre compte à l'accusé expulsé à l'issue de l'audience , pour l'affaire être ainsi continuée dans son ensemble, tant à l'égard des accusés pré-

qu'elle retient depuis quatorze mois dans les prisons et qu'elle force à venir défendre devant elle leur honneur et leur vie. »

« Hier, elle a été plus loin encore, et contrairement à tous les usages des cours criminelles où la parole n'est interdite qu'après la clôture des débats, elle a prononcé un arrêt contre l'accusé Cavaignac, sans permettre à personne ni à lui-même de dire un seul mot pour sa défense.

« Enfin M. le président a voulu faire commencer la lecture de l'acte d'accusation , alors même que l'identité des accusés n'était pas constatée, et qu'aucun défenseur ne se trouvait à l'audience.

« Tous ces actes constituent des violences judiciaires, qui sont les précédens naturels des violences administratives auxquelles la cour des pairs veut aboutir.

« Dans cette situation , les accusés soussignés déclarent que la défense étant absente, les apparences même de la justice sont évanouies; que les actes de la cour des pairs ne sont plus à leurs yeux que des mesures de force dont toute la sanction se trouve dans les baïonnettes dont elle s'entoure.

« En conséquence, ils refusent désormais de participer par leur présence à des débats (oui! oui!) où la parole est interdite et aux défenseurs et aux accusés; et, convaincus que le seul recours des hommes libres est dans une inébranlable fermeté, ils déclarent qu'ils ne se présenteront plus

sens de fait à l'audience qu'à l'égard de ceux que leurs violences en ont fait expulser. »

Les accusés : Vous pouvez être nos bourreaux ; nos juges, jamais !

devant la cour des pairs, et qu'ils la rendent-personnellement responsable de tout ce qui peut suivre de la présente résolution. »

Les accusés : Oui ! oui ! nous le déclarons.

M. Beaune et M. le procureur-général terminent presque en même temps. Lorsque M. le procureur-général se rassied, M. le président prononce quelques mots que le tumulte empêche de parvenir jusqu'à nous ; aussitôt retentit dans le couloir qui est derrière les accusés le commandement suivant : Par le flanc droit et le flanc gauche, droite ! gauche ! pas accéléré, marche ! Ce mouvement est exécuté rapidement par les gardes municipaux, et les accusés sont emmenés de la salle en même temps que la cour se retire pour délibérer.

C'est au lecteur de suppléer ce que nous n'avons pu peindre, à faire un tout de nos indications, et à grouper la protestation, le réquisitoire, les interpellations et l'intervention des gardes municipaux, les allées et les venues du colonel Feisthamel, la tenue de la cour, l'émotion de l'auditoire, toutes choses simultanées, et que nous n'avons pu décrire que l'une après l'autre.

Comme dernier trait à ce tableau, on remarquait dans la loge des ministres MM. de Broglie, Persil, de Rigny et Gisquet, qui affectaient la gaîté la plus indécente. M. de Broglie, surtout, son lorgnon braqué sur les accusés, n'a pas cessé de rire, et souvent aux éclats. Cette révoltante démonstration faisait encore mieux ressortir la figure soucieuse de MM. les pairs.

Enfin, nous ne pouvons passer sous silence la modération avec laquelle se sont constamment conduits la presque totalité des gardes municipaux préposés à la garde des accusés.

Malgré plusieurs injonctions de leurs chefs et notamment de leur chef M. Feisthamel, qui courait du fauteuil du président au banc des accusés, les militaires n'ont point employé la force.

Une seule altercation un peu vive a eu lieu entre un des accusés de Lyon que nous ne connaissons pas et un garde municipal qui paraissait blâmé par tous ses camarades. Dans le cours de cette scène, deux ou trois coups de sifflet se sont fait entendre.

A six heures la cour reste en permanence, et déclare qu'elle ne rentrera pas ce soir en audience.

Le public est invité à se retirer. (Marques générales de désappointement.)

Le vendredi 8 mai il y a eu relâche à la cour des pairs; les patriciens du Luxembourg devaient, en effet, avoir besoin de repos; — on ne demeure pas trois jours au pilori de l'opinion publique sans en éprouver quelque fatigue. — D'ailleurs on a besoin de se voir et de s'entendre : il faut rappeler ses souvenirs, classer ses idées, consulter le *thermomètre* du château.

Et puis on est législateur avant tout. — La France est très pressée de payer les impôts, et l'on est si désireux de ne pas la faire attendre.

Ces Messieurs du parquet ont aussi autre chose à faire; — ils aiment trop la liberté de la presse pour l'oublier tout une semaine.

Chaque chose a son temps.

C'est bien, c'est même très bien de faire juger d'un seul coup cent cinquante républicains; mais le cours ordinaire de la justice se trouverait entravé si MM. Martin, Plougoulm et Frank-Carré restaient seulement huit jours sans lui prêter l'appui de leur *immense* talent.

Et n'est-il pas juste encore que notre premier ministre laisse reposer un jour sa touchante hilarité.

Trop rire rend fou; et M. de Broglie a tant besoin d'être sage et de conserver sa raison.....

La protestation lue à l'audience du 7 par M. Beaune, au nom de ses co-accusés, était signée par MM. E. Beaune, Lagrange, Granger, Vignerte, Guinard, Martin, Maillefer, Thomas, Tiphaine, N. Lebon, Pichonier, Landolphe, Caussidière père et fils, Cavaignac, P. Reverchon, Ribau, Charmy, de Regnier, P. Fouet, Edouard Albert, Recurt, Stiller, Tricotel, Farolet, Geslin-Bernard, Lapotaire, Mathieu, Buzelin, Bechet, Rosières, Mathon, Cahusac, Guibout, Reverchon (Marc), Armand Marrast, E. Montaxier, Hubin de Guer, Pornin, Poirotte, E. Varé, Chilman, Herbert fils, X. Sauriac, Imbert, Gilbert Miran, A. Froidevant, Delente, Fournier, Kersausie, Caillet, Delaquis, Billon, Provost, Tassin, Eugène Candre, Crevat, N. Gueroult, Roger, Bastien, Delayen, Henri Lecomte, Lenormand, Rossary, Berrier-Fontaine, Beaumont, Benoît Cotin, Rocksinki, Tourrès, Despinas, Ravachol, P.-A. Martin, Hugon, Thion, Didier, Bertholat, Carrier, Marigné, Girard (Auguste), L. Margot, Huguet, Cachot, Chéry, Coréa, Pradel, Villiard, Chagny, Bille, Dibier, Guichard, Charles, Jobely, Lafont, Morel, Lange, Desvoya, Gayet, Noir, Mazoyer aîné, Raggio, Blanc, Boyé, Butent, Adam Laporte, Mercier, Chatagnier, Julieu, Emile Caillié. — Total 109, sur 121 accusé.

Elle est suivie de cette déclaration :

« Hier encore je croyais la défense possible et honorable, puisque après tout M. le président n'avait fait qu'user du droit que la loi lui accorde, en refusant l'assistance des défenseurs non inscrits au tableau des avocats; mais aujourd'hui qu'un arrêt a mis la cour en dehors et au-dessus de la loi, ma qualité de citoyen français, et les devoirs qu'elle m'impose, m'obligent de protester contre l'arrêt en date de ce jour, et de déclarer que je renonce à toute défense.   GENEST. »

PRÉSIDENCE DE M. PASQUIER.

Audience du 9 mai.

Toujours même rareté de curieux aux abords du Luxembourg. Les étudians continuent à observer la même circonspection, à peine si on en voit quelques uns.

Dans l'intérieur de la salle, nous remarquons de notables changemens en ce qui touche les dispositions locales. L'enceinte des accusés a été considérablement agrandie aux dépens de celle des témoins. On y remarque maintenant vingt-huit grandes banquettes. Les dossiers d'appui qu'elles avaient auparavant ont été enlevés.

A une heure et demie, la force armée introduit les accusés de Lyon, Saint-Etienne, Grenoble, Arbois, Besançon et Marseille. Chacun d'eux a maintenant un garde municipal affecté à sa personne. Ceux qui ont protesté le plus énergiquement dans l'audience d'avant-hier en ont deux; nous en remarquons quatre autour de l'accusé Lagrange. Quand ces diverses catégories sont placées, on amène les accusés de Paris, avec le même luxe de précautions. Presque tout l'état-major de la garde municipale est présent. Des officiers d'un grade supérieur président eux-mêmes à la mise en place des accusés.

En y comprenant les officiers, sous-officiers et les escouades placées dans les couloirs, devant, derrière et sur les flancs de la tribune des accusés, il y a maintenant dans la salle deux cents gardes municipaux pour cent vingt-un accusés. Chacun pressent, par ce vaste déploiement de forces, le caractère de l'arrêt qui va être prononcé, et que l'on attend avec une anxiété visible. Il y a quinze ou vingt avocats au barreau, mais la plupart ont leur dossier sous le bras, prêts à rester ou à partir d'après ce qui va être décidé.

A une heure trois quarts on annonce la cour. Bientôt après arrive le ministère public. La loge des ministres est vide.

M. de Cauchy fait l'appel nominal. Il n'est constaté à la suite de cette opération, aucune absence; cependant nous remarquons trois ou quatre fauteuils vides.

Au milieu d'un silence profond et solennel, M. le président prononce l'arrêt suivant.

ARRÊT.

La cour, statuant sur les conclusions du procureur-général du roi, et y faisant droit,

Attendu que le cours de la justice ne saurait être suspendu;

Attendu qu'à la première audience de la cour, plusieurs accusés, au mépris des dispositions de la loi, ont refusé de répondre aux interpellations du président, et de déclarer leurs noms, professions, et domicile;

Attendu que, dans la même audience, après la lecture de l'arrêt rendu par la cour sur la demande d'introduire à la barre comme défenseurs des personnes qui n'étaient ni pères, ni frères des accusés, ni membres d'aucun barreau du royaume, des vociférations sont parties des bancs des accusés;

Attendu que, dans l'audience du lendemain 6 mai, un grand nombre d'accusés ayant, par leurs clameurs, par le tumulte et la violence, empêché la lecture de l'arrêt et de l'acte d'accusation, la cour a fait connaître par son arrêt, qu'elle prendrait les mesures nécessaires pour assurer à la justice son libre cours;

Attendu que, dans l'audience du 7 mai, plusieurs accusés ont méconnu la voix du président de la cour, chargé par la loi de la police de l'audience, qu'ils ont résisté à ses avertissemens et que le désordre a été tel que la lecture de l'arrêt et de l'acte d'accusation a été de nouveau empêchée, et que le procureur-général du roi n'a pu se faire entendre dans son réquisitoire, sa voix étant couverte par les clameurs;

Attendu qu'une telle conduite annoncerait de la part d'un grand nombre d'accusés la résolution prise d'arrêter par la violence le cours de la justice;

Attendu que la société serait sans protection si, en faisant rébellion à la loi, des accusés pouvaient, par un tumulte permanent, forcer la cour à ajourner indéfiniment le jugement de l'affaire soumise à sa juridiction;

La cour dit que si les désordres auxquels les accusés se sont livrés venaient à se renouveler, le président est autorisé à faire retirer ceux d'entre eux qui, par leur violence, rendraient impossible la continuation des débats, pour être lesdits accusés ramenés devant la cour, ensemble ou séparément, afin qu'ils puissent être présens à l'audition des témoins à charge ou à décharge qui ont à déposer sur les faits qui leur sont personnellement imputés et être entendus dans leurs moyens de défense;

Et attendu que l'arrêt et l'acte d'accusation ont été signifiés personnellement aux accusés;

Ordonne qu'il sera passé outre à la lecture des pièces, même en l'absence de ceux des accusés que le président aurait fait retirer en conformité du présent arrêt, pour être ensuite procédé à l'examen et aux débats jusqu'au jugement définitif.

Immédiatement après le prononcé de cet arrêt, un cri unanime et énergique de protestation s'élève du banc des accusés : plusieurs accusés se lèvent, les gardes municipaux les forcent à se rasseoir. Retenus sur leur banc par la force armée, les accusés continuent à adresser à la cour les plus ardentes interpellations. Ce n'est pas du tumulte et de la violence : ce sont 120 voix qui réclament à la fois le droit de la libre défense. *Nos défen-*

seurs ! nos défenseurs ! est le cri dominant. *Partons tous ! Emmenez-nous tous !* disent d'autres voix.

Le barreau se lève et ajoute les protestations de cette retraite simultanée à celle des prévenus. M. Crivelli est le seul avocat qui reste au banc des défenseurs.

M. Feisthamel quitte la place où il s'était tenu jusque là entre les deux huissiers, s'approche du président et prend ses ordres. Il revient vers la barre et les transmet aux gardes municipaux. Ceux-ci se lèvent, et font signe aux accusés de les suivre.

Alors, à la bruyante agitation de cette scène, succèdent le calme et le silence. Les accusés défilent devant la cour avec une imposante gravité. Cette transition subite paraît produire une très vive impression sur l'auditoire, et même sur la cour.

Le silence général n'est interrompu qu'une seule fois par la voix d'un membre de la cour qui, s'apercevant que l'accusé Reverchon en se retirant, et à l'instant où il touche déjà le seuil de la salle, se recouvre la tête, lui crie : *A bas le chapeau !*

Il paraît que le garde municipal placé à côté de Reverchon, interprètant cette interpellation comme un ordre, veut arracher le chapeau sur la tête de Riverchon.

Vous êtes un insolent ! crie Reverchon au garde municipal.

A cet instant l'accusé est entré dans le couloir. On entend pendant un instant une vive contestation et même des cris. Un mouvement d'effroi circule dans toute l'assemblée ; mais bientôt le bruit extérieur s'apaise, et le défilé continue.

Le banc des accusés demeure complétement vide. La séance est suspendue. La cour garde une attitude muette. Toute l'assistance est en proie aux plus vives émotions.

M. le procureur-général paraît se concerter avec ses substituts. Il écrit pendant quelque temps, et fait passer ce qu'il vient de rédiger à M. Portalis et à quelques autres pairs jurisconsultes, dont M. le président, dans la distribution des places, a pris soin de s'entourer. Ces magistrats examinent les notes de M. le procureur-général, conversent entre eux, et les communiquent à M. le président.

Pendant cette interruption, nous apprenons que plusieurs des avocats qui, à différens intervalles, ont paru à l'audience, ont été invités à reprendre leur place au banc des défenseurs, et qu'ils ont répondu à l'huissier chargé de leur faire cette communication, que *là où il n'y avait pas d'accusés, il ne devait pas y avoir de défenseurs.* En effet, le banc des avocats demeure complètement désert.

Un quart d'heure après la suspension nous voyons déboucher du couloir un accusé appartenant à la catégorie de Lyon : il est escorté de deux gardes municipaux. Ce prévenu est bientôt suivi de plusieurs autres, parmi lesquels ont remarque l'accusé Lagrange. Celui-ci est toujours exceptionnellement sous la garde de quatre hommes. Les accusés rentrés sont au nombre de vingt-neuf. Nous croyons qu'ils appartiennent tous à la catégorie de Lyon, qui se compose de soixante-quatre prévenus.

M. le président. — Accusés, soyez attentifs, on va donner la lecture de l'arrêt de renvoi et de l'acte d'accusation. (Mouvemens au banc des accusés.)

L'accusé Lagrange se levant, mais contraint sur-le-champ de se rasseoir.— M. le président, je demande acte de la protestation que nous avons remise hier, et au besoin je la renouvelle. Je proteste contre cette tyrannie. (Agitation au banc de MM. les pairs.)

M. le président. — Vous n'avez pas la parole.

Lagrange, d'une voix ferme et retentissante. — Je proteste sans crainte et sans remords comme sans espérance.....

M. le président.— Commandant, faites taire.....

Lagrange, élevant encore la voix. — Je le répète, je n'espère, nous n'espérons rien devant vous : nous sommes tous hommes d'honneur, qui n'avons jamais

manqué à notre premier serment, et vous, MM. les
pairs, votre conduite devrait vous faire rougir, si vous
pouviez rougir encore.

M. le procureur-général, se levant. — Aux termes de l'arrêt rendu aujourd'hui, nous requérons que
M. le président, en vertu de son pouvoir discrétionnaire, ordonne que l'accusé Lagrange soit emmené hors
de la salle.

M. le président. — J'ordonne au commandant de
la force armée de faire sortir l'accusé Lagrange.

(Plusieurs gardes municipaux s'approchent de Lagrange, dont la figure imposante ne cesse de rester
calme, mais qui se cramponne énergiquement à la balustrade. Les gardes municipaux semblent éprouver un
moment d'hésitation.)

M. le président. — Qu'on obéisse à l'ordre que je
viens de donner !

Lagrange, résistant à une quinzaine de soldat qui
le poussent et l'entraînent : A votre aise, messieurs les
pairs, condamnez-nous sans nous entendre ; faites tom-
ber les têtes de 150 hommes d'honneur. Cherchez, il-
lustres sénateurs, à effacer dans notre sang les taches
flétrissantes imprimées sur vos fronts par l'assassinat du
brave des braves. (Profonde sensation.)

Les gardes municipaux emportent l'accusé, qui s'écrie
encore :

Ajoutez une nouvelle flétrissure à tant d'autres flétris-
sures : quant à nous, vous ne pouvez rien contre notre
fermeté inébranlable. Je proteste au nom de tous mes
camarades absens, et aussi au nom de tous ceux qui sont
ici.

Lagrange cesse de parler, et les gardes municipaux,
qui sont parvenus à le rapprocher de la porte, le lais-
sent libre au moment où il se tait. Ils se retire lente-
ment, les yeux toujours fixés sur la cour.

Cette scène produit une vive impression sur l'auditoire ; plusieurs pairs paraissent fort agités.

Après l'expulsion de Lagrange, il ne reste plus au barreau que M⁰ Crivelli, lequel paraît enseveli dans ses réflexions. Les témoins à décharge se retirent.

Voici les noms des accusés de la catégorie de Lyon, qui ont consenti à entendre l'acte d'accusation :

Girard (Antoine), Poulard, Morel, Ravachol, Tourrès, Arnaud, Laporte, Bille (Pierre), Boyer, Chàtagnier, Julien, Mercier, Gayet, Genest, Corréa, Roux, Ratignié, Butet, Charmy, Mazoyer, Bertholat, Cochet, Mollard-Lefèvre, Marcadier, Guichard, Raggio, Desvoys, Adam.

M. le président. — Greffier, donnez lecture des pièces.

Tourrès de Lyon. — Je proteste à mon tour par les mêmes motifs que Lagrange et je demande aussi mon expulsion.

L'accusé Corréa, portugais décoré de juillet, se penche à l'oreille de Tourrès et semble lui parler. Tourrès se calme et ne dit plus mot, les autres accusés demeurent pareillement tranquilles.

M. de Cauchy commence d'une voix sourde la lecture d'un des volumineux in-4° que nous voyons empilés devant MM. les pairs. C'est celui qui contient l'acte d'accusation. M. de Cauchy fait précéder cette lecture de celle de l'arrêt de renvoi, en date du vendredi 6 février 1835, dans lequel, sur le réquisitoire du procureur-général et vu le rapport de M. Girod de l'Ain, la cour a statué sur sa compétence, fait le triage des accusés, catégorisé ceux qui devaient être mis en cause et ordonné la rédaction de l'acte d'accusation.

Voici la liste des accusés présens et contumaces avec les indications qui s'y rapportent. Cette liste qui précède l'acte d'accusation est nécessaire pour son intelligence. Il faut remarquer que ce document, datant des préliminaires de l'instruction, chaque accusé a aujourd'hui un an de plus que l'âge ci-mentionné. Cette année c'est celle qu'ils ont passée en prison.

ACCUSÉS PRÉSENS.

ACCUSÉS DE LYON. — 1. *Girard* (Antoine), âgé de trente et un ans, chef d'atelier, né à Couzieux(Rhône), domicilié à Lyon.

2. *Carrier* (Etienne), âgé de quarante ans, chef d'atelier, né à Charly (Rhône).

3. *Poulard* (François-Philippe), âgé de trente-deux ans, fabricant d'étoffes de soie, né à Lyon.

4. *Beaune* (Eugène), âgé de trente-quatre ans, instituteur, directeur d'une école spéciale de commerce, né à Montbrison (Loire), domicilié à Lyon.

5. *Martin* (Pierre-Aristide), âgé de vingt-trois ans, clerc d'avoué, né à Lyon, y demeurant.

6. *Albert* (Pierre-Jean-Marie-Edouard), âgé de trente-quatre ans, propriétaire-gérant du journal la *Glaneuse*, né à Riom (Puy-de-Dôme), y domicilié.

7. *Hugon* (Joseph-Théodore), âgé de trente-sept ans, cartonnier, crieur public, né à Lyon, y demeurant.

8. *Morel* (Michel), âgé de vingt-trois ans, ouvrier en soie, né à Lyon, y demeurant, rue des Forges, 48.

9. *Ravachol* (Claude), âgé de trente et un ans, aubergiste, né à Lyon, y demeurant.

10. *Lagrange* (Charles), trente et un ans, commis, demeurant à Lyon.

11. *Tourrès* (Jean), trente-cinq ans, perruquier, né à Lyon, y demeurant.

12. *Caussidière* (Jean), cinquante et un ans, commis-libraire, à Lyon, y demeurant

13. *Armand* (Charles), trente-six ans, agent d'affaires, né à Thermignon(Savoie), domicilié à Lyon.

14. *Laporte* (Antoine), quarante-cinq ans, né à Larode (Puy-de-Dôme), domicilié à Lyon, faubourg de Vaise.

15. *Lange* (Jean), vingt-huit ans, plâtrier, né à Saint-Nizier (Loire), domicilié à Lyon, impasse Saint-Charles.

16. *Villiard* (Joseph), vingt et un ans, doreur sur bois, né à Grenay (Isère), domicilié à Lyon.

17. *Bille* (Pierre), vingt-sept ans, ouvrier bijoutier, né à Lyon, y demeurant.

81. *Bayet* (Etienne), ving et tun ans, cordonnier, né à Lyon, y demeurant.

19. *Chatagnier* (Louis), trente-neuf ans, cordonnier, né à Villiers (Rhône), domicilié à Lyon.

20. *Julien* (Auguste), vingt-neuf ans, doreur sur bois, né à Bar-sur-Aube, domicilié à Lyon.

21. *Mercier* (Michel), vingt ans, fabricant de peignes, né à Lyon, y demeurant.

22. *Gayet* (Jean), vingt-sept ans, garçon boulanger, né et domicilié à la Guillotière (Lyon).

23. *Genest* (Antoine-Hippolyte), trente-deux ans, homme de lettres, né à Paris, domicilié à Lyon.

24. *Marigné* (Louis), trente-cinq ans, tailleur, né au grand Sacomey, près Genève (Suisse), demeurant à Lyon.

25. *Corréa*, quarante-deux ans, né à Lisbonne, décoré de Juillet, ouvrier en soie, demeurant à Lyon.

26. *Didier*, trente ans, domicilié à Lyon.

27. *Roux* (Jean), vingt-cinq ans, ouvrier en soie, né à Serriac (Ardèche), demeurant à Lyon.

28. *Pradel* (Joseph) trente-trois ans, artilleur en congé, né à Chameloy (Rhône), domicilié à Lyon.

29. *Bérard* (Jean), vingt-deux ans, ouvrier en soie, demeurant à Lyon.

30. *Rockzinski* (Stanislas), trente-six ans, né à Suidan, en Lithuanie.

31. *Ratigné* (Etienne), trente-neuf ans, chef d'atelier, né à la Panissière, Sous-Denis, à Lyon.

32. *Butet* (Jacques), trente-cinq ans, ouvrier en soie, né et domicilié à Lyon.

33. *Charmy* (Jean-Laurent), vingt-huit ans, ouvrier en soie, né et domicilié à Lyon.

34. *Charles* (Simon-Gilbert), trente ans, menuisier, né à Charlemontagne (Allier).

8

35. *Mazoyer* (Claude) trente ans, serrurier, né et domicilié à Lyon.

36. *Chéry* (Louis), vingt-deux ans, teiblantier, né à Moulins (Allier), domicilié à Lyon.

37. *Cachot* (Claude), trente-cinq ans, entrepreneur de travaux publics, né à la Bretonnière (Doubs), demeurant à Lyon.

38. *Thion* (Joseph-François), trente-cinq ans, instituteur, né à Moustier, demeurant à Lyon.

39. *Bertholat*, trente-six ans, ouvrier en soie, domicilié à Lyon.

40. *Cochet* (Michel), quarante-quatre ans, monteur de métiers, né et demeurant à la Croix-Rousse, à Lyon.

41. *Blanc* (Claude), quarante et un ans, ouvrier en soie, né à Lyon, y demeurant.

42. *Jobely*, trente-neuf ans, cafetier, né et domicilié à la Guillotière (Lyon).

43. *Mollard-Lefèvre* (Michel), quarante-neuf ans, propriétaire, né et domicilié à la Guillotière (Lyon.)

44. *Despinas* (Antoine), vingt ans, ouvrier en soie, né à Reggio, demeurant à Lyon.

45. *Noir* (Jean-Antoine-Auguste), vingt-huit ans, ex-aumônier et professeur au collège de Montélimart, né à Vanosc en Vorance (Ardèche).

46. *Marcadier* (Pierre), vingt-sept ans, tanneur, né à Chalet, demeurant à Lyon.

47. *Margot* (Henri-Louis), vingt ans, tanneur, né en Suisse, demeurant à Lyon.

48. *Didier* (Jean), âgé de vingt-huit ans, ouvrier.

49. *Reverchon*, (Marc-Etienne), âgé de trente-six ans, né à Champagnoles, ex-huissier à la cour royale de Lyon, destitué.

50. *Drigeard des Garniers* (Antoine), âgé de quarante ans, quincaillier, demeurant à Lyon.

51. *Girard* (Jules-Auguste), vingt-cinq ans, élève à l'école vétérinaire de Lyon, né à Montélimart.

52. *Lafond* (Antoine), vingt-cinq ans, boulanger

et soldat au 7e dragons, né à Néry-les-Bains, y demeurant.

53. *Roggio* (Jérôme), vingt-six ans, veloutier, né à Zoagli, état de Gênes, demeurant à Lyon.

54. *Desvoys* (Pierre-Auguste), trente-quatre ans, corroyeur, né à Maupas (Côte-d'Or), demeurant à Lyon.

55. *Chagny* (Pierre), vingt ans, manœuvre, né à Saint-Léger, demeurant à Lyon.

56. *Benoît-Catin* (Jean-Pierre), vingt-neuf ans, charpentier, né à Saint-Jouars (Isère), demeurant à Lyon.

57. *Huguet* (Jean), trente ans, mâçon, né à Beaumont (Haute-Vienne), demeurant à Lyon.

58. *Guichard*, trente-quatre ans, marchand de cirage, né et domicilié à Lyon.

59. *Adam* (Jean-Pierre), quarante-deux ans, chef d'atelier, né à Cras, demeurant à Lyon.

Accusés de Saint-Étienne. — 60. *Tiphaine* (Jean-Laurent), trente et un ans, ex-greffier au tribunal de police, né et domicilié à Lyon.

61. *Caussidière* (Marc), vingt-sept ans, dessinateur, né à Genève, demeurant à Saint-Étienne.

62. *Nicod* (Alexandre), vingt-deux ans, né et domicilié à Lyon.

63. *Rossary* (Pierre), vingt-neuf ans, limonadier, demeurant à Saint-Étienne.

64. *Reverchon* (Pierre), mécanicien, vingt-huit ans, né et domicilié à Saint-Étienne.

Accusés de Grenoble. — 65. *Riban* (Jean-Baptiste), vingt-cinq ans, gantier, né à Grenoble, y demeurant.

Accusés d'Arbois. — 66. *Froidevaux* (Auguste), vingt-quatre ans, praticien, né et domicilié à Arbois.

Accusés de Besançon. — 67. *Gilbert*, dit Miran, (Ant.-Marin-Raphaël), quarante-cinq ans, rédacteur du journal le *Patriote Franc-Comtois*, né à Paris, domilié à Besançon.

Accusés de Marseille. — 68. *Imbert*, gérant du

journal de Marseille le *Peuple-Souverain*, quarante ans, né et domicilié à Marseille.

69. *Maillefer*, âgé de trente-cinq ans, né à Nancy (Meurthe), rédacteur en chef du *Peuple-Souverain* à Marseille.

Accusés de Paris. — 70. *Cavaignac* (Godefroy), hommes de lettres, demeurant à Paris.

71. *Berrier-Fontaine* (Camille-Louis), étudiant en médecine, âgé de vingt-neuf ans, né à Argentan, demeurant à Paris.

72. *Beaumont* (Arthur-Jacques), médecin, âgé de trente-six ans, né à New-York (États-Unis), demeurant à Paris.

73. *Vignerte* (Jean-Jacques), âgé de vingt-neuf ans, né à Bagnères-de-Bigorre, avocat.

74. *Lebon* (Napoléon), étudiant en médecine, âgé de vingt-huit ans, né à Dieppe, demeurant à Paris.

75. *Gainard* (Joseph-Auguste), propriétaire, âgé de trente-quatre ans, né à Paris, y demeurant.

76. *Recurt* (Adrien-Athanase), docteur en médecine, âgé de trente-six ans, né à Lasalle (Hautes-Pyrénées), demeurant à Paris.

77. *Delente* (François), corroyeur et employé au journal le *Bon Sens*, âgé de vingt-neuf ans, né à Beaulandais (Orne), demeurant à Paris.

78. *Guillard de Kersausie* (Théophile-Joachim), ancien capitaine de cavalerie, âgé de trente-six ans, né à Guingamp (Côtes-du-Nord), demeurant à Paris.

79. *Herbert* (Louis-Désiré), tailleur, âgé de dix-huit ans, né à Paris, y demeurant.

80. *Chilman*, commis marchand, âgé de vingt ans, né à Lasson (Calvados), demeurant à Paris.

81. *Pornin* (Bernard), âgé de trente-sept ans, né à Limoges, demeurant à Paris.

82. *Rosière* (Adonis-Philippe), directeur du journal la *Mère de Famille*, âgé de vingt-neuf ans, née à Meulan (Seine-et-Oise), demeurant à Paris.

83. *Poirotte*, orfèvre en doublé, trente-cinq ans, née à Péronne (Somme), demeurant à Paris.

84. *Delaven*, ancien marchand de nouveauté à Senlis, vingt-quatre ans, né à Sacy-le-Petit (Oise), demeurant à Paris.

85. *Leconte* (Henri-Yves), élève en pharmacie, vingt-quatre ans, né à Quimper-Corentin (Finistère), demeurant à Paris.

86. *Lenormand* (Pierre-Edouard), horloger, âgé de vingt-sept ans, né à Rennes (Ille-et-Vilaine), demeurant à Paris.

87. *Crévat* (Victor), commis-marchand, âgé de vingt-cinq ans, né à Pontarlier (Doubs), demeurant à Paris.

88. *Landolphe* (François), homme de lettres, vingt-quatre ans, né à Louans (Saône-et-Loire), demeurant à Paris.

89. *Tassin* (Hubert-Hippolyte), bijoutier, vingt ans, né à Paris, y demeurant.

90. *Candre* (Eugène), cuisinier, âgé de dix-neuf ans, né à Chartres (Eure-et-Loir), demeurant à Paris.

91. *Fournier*, cuisinier, âgé de dix-neuf ans, né à Montlord-Saint-Evremont (Orne), demeurant à Saint-Cloud.

92. *Sauriac* (Xavier), homme de lettres, âgé de trente ans, né à Mongiscar (Haute-Garonne), domicilié à Paris.

93. *Pichonnier* (Pierre), propriétaire, âgé de vingt-quatre ans, né à Falaise (Calvados), demeurant à Paris.

94. *Hubin de Guer*, étudiant en droit, né à Bourgneuf (Loire-inférieure), demeurant à Paris.

95. *Guibout*, passementier, quarante-huit ans, né à Paris, y demeurant

96. *Montaxier*, étudiant en médecine, dix-neuf ans, né à Beaulieu (Charente), demeurant à Paris.

97. *Marrast* (Armand), homme de lettres, trente et un ans, né à Saint-Gaudens (Haute-Garonne), demeurant à Paris.

97. *Bastien* (Jean-Charles), brocanteur, quarante ans, domicilié à Paris.

98. *Soger* (Antoine-Bernard), cardeur de matelas, vingt-six ans, domicilié à Paris.

99. *Generoult* (Laurent-Napoléon), bijoutier, vingt et un ans, domicilié à Paris.

100 *Fouet* (Paul-Jean) commissionnaire en mar chandises, vingt-huit ans, né à Lisbonne, demeurant à Paris.

101. *Granger* (Charles Pierre), élève en pharmacie, âgé de vingt-deux ans, domicilié à Paris.

103. *Villain* (Joseph), passementier, âgé de vingt-deux ans, domicilié à Paris.

104. *Billon* (Claude), teinturier, âgé de vingt ans, domicilié à Paris.

105. *Delacquis* (Marie-Joseph), colporteur, âgé de quarante ans, domicilié à Paris.

106. *Provost* (Nicolas-Augustin), fabricant de garde-vues, âgé de quarante ans, domicilié à Paris.

107. *Caillet* (Charles Victor), coffretier, âgé de trente-trois ans, domicilié à Paris.

108. *Buzelin* (Adolphe), vidangeur, âgé de vingt-six ans, domicilié à Paris.

109. *Varé* (Charles-Eugène-Emmanuel), étudiant en droit, âgé de vingt et un ans, domicilié à Paris.

110. *Cahuzac* (Jean-Pierre), relieur, âgé de vingt-quatre ans, domicilié à Paris.

111. *Mathon* (Marie-Joseph-Cyprien-Félix), revendeur de meubles, âgé de quarante-cinq ans, domicilié à Paris.

ACCUSÉS DE LUNÉVILLE. — 112. *Thomas* (Jacques-Léonard-Clément), âgé de vingt-cinq ans, maréchal-des-logis-chef au 9e régiment de cuirassiers.

113. *Stiller* (Adolphe), âgé de vingt-trois ans, maréchal-des-logis au 9e régiment de cuirassiers, domicilié à Nancy.

114. *Tricotel* (Nicolas-Jean-Louis), âgé de vingt-

huit ans, domicilié à Paris, maréchal-des-logis-chef au 4e régiment de cuirassiers.

115. *Caillé* (Emile-Augustin), âgé de trente ans, maréchal-des-logis au 4e régiment de cuirassiers, domicilié à Malièvre (Vendée).

116. *De Régnier* (Amédée-Louis-Charles), âgé de vingt-quatre ans, maréchal-des-logis au 4e régiment de cuirassiers, domicilié à Alençon.

117. *Farolet* (Louis-Charles), âgé de vingt-neuf ans, maréchal-des-logis au 9e régiment de cuirassiers, domicilié à Montélimart.

118. *Bernard* (Geslin), âgé de vingt-cinq ans, maréchal-des-logis-chef au 4e régiment de cuirassiers, domicilié à Paris.

119. *Lapotaire* (Marie-Denis), âgé de vingt-deux ans, maréchal-des-logis au 4e régiment de cuirassiers, domicilié à Paris.

120. *Béchet* (Dominique-Henri-Edouard), âgé de vingt-quatre ans, médecin, domicilié à Nancy.

121. *Mathieu*, (Joseph), avocat, âgé de trents-quatre ans, domicilié à Epinal.

CONTUMACES.

1. *Beaune*, dit Roguet;—2. *Bertholat*, ouvrier en soie; —3. *Bille*, dit l'Algérien;—4. *Bocqui*, journalier, né en Savoie;—5. *Boura*, ouvrier teinturier;—6. *Bouvard*, âgé de quatorze ans, tisserand;—7. *Beitrach*, imprimeur en indienne;—8. *Brunet*, cabaretier.—9. *Carrey*, vigneron; — 10. *Chaniel*, étudiant en droit; — 11 *Court*, propriétaire à Lyon ;—12. *Daspré*, domestique, à Lyon ;—13. *Despassio* aîné, chef d'atelier à Lyon; — 14. *Despassio* cadet; — 15. *Giraua* élève de l'école vétérinaire, à Lyon ; — 16. *Goudot*,

cordonnier, à Arbois; — 17. *Gouge*, ouvrier à Lyon, — 18. *Guillebeau*, de Lyon; — 19. *Lambert*, arpenteur à Lyon; — 20. *Marpelet*, maçon à Lyon; 21. — *Martin*, clerc d'avoué à Lyon; — 22. *Mollon*, de Lyon; — 23. *Merguet*, ouvrier en soie à Lyon; 24. *Offroy*, pharmacien à Lyon; — 25. *Onke* de Wurt, imprimeur en indienne; — 26. *Pacaud*, dessinateur, à Lyon; — 27. *Pirodon;* fabricant de chandelles a Lyon; — 28. *Pommier*, de Lyon; — 29. *Prost*, de Lyon; — 30. *Regnault-Depercy*, avocat à Arbois; — 31. *Saulnier*, ouvrier en soie; — 32. *Servière*, marchand de charbon, Lyon; — 33. *Sibile*, idem; — 34. *Souillard*, — 35. *Veyron*, Lyon; — 36. *Deludre*, ex-député; — 37. *Rivière* cadet, imprimeur d'étoffes, Lyon; — 38. *Aubert*, étudiant en médecine; — 39. *Lally de Neuville*, Paris; — 40. *Mathé*, étudiant en droit, Paris; — 41. *Menand*, avocat; — 42. *Yvon*, commis-marchand, Paris.

En tout 121 présent et 42 contumaces.

Cela fait, M. le greffier lit l'acte d'accusation, lequel est divisé en *faits généraux*, *faits de Paris*, *Lyon*, *Arbois*, etc.; et enfin, en *faits particuliers* à chaque série d'accusés, et chaque accusé lui-même.

Nous terminons ici la p remièrepartie du procès d'avril.

Nous donnerons dans une seconde partie l'acte d'accusation; le cours des débats, jour par jour; les plaidoyers et l'arrêt de la cour, tant sur le fond que sur les incidens du procès.

Cette deuxième partie contiendra les portraits de plusieurs autres accusés et de leurs défenseurs.

Nous publierons en même temps, dans une partie supplémentaire, le procès intenté aux défenseurs, sur la proposition du pair Lannes de Montébello.

www.ingramcontent.com/pod-product-compliance
Lightning Source LLC
Chambersburg PA
CBHW051721090426
42738CB00010B/2019